チヌカカリ釣りが
ある日突然上手くなる

兼松伸行

JN298041

つり人社

前書き

私がチヌカカリ釣りと出会ってから30年以上の歳月が経過しました。父の影響を受けて幼少の頃から釣りを始めた私は、海での投げ釣り、船釣り、磯のイシダイ釣り、野池のコイ釣りや管理池でのヘラブナ釣り、ルアーフィッシングなどにも挑戦し、それぞれ大人顔負けの釣果を上げていました。魚を釣ることは最高の遊びであり、楽しみでした。

チヌカカリ釣りに入門したとき、今までの釣りにはなかった難しさと魅力を感じた私は大学を卒業すると時間の許す限りチヌカカリ釣りに打ち込むようになりました。仕事の都合でカカリ釣りに行けないときでも、大阪湾での落とし込み、コスリ釣り、紀州釣りにウキフカセと、チヌ自体への興味から少しの時間でも釣行を繰り返しました。これはただチヌが釣りたいとか、釣りが楽しいからという理由ではなく、あくまでチヌカカリ釣りが上達するためだけを考えて釣り続けたのです。

それらの自身の経験を集約して、最強といわれるゼロ釣法が生まれました。この釣法は私が目差すところの競技、大会での好成績、大型ねらい、数釣りといったすべての分野で最高の釣果を期待できるものです。全国各地のカカリ釣り場へ遠征釣行しても最高の釣果を約束してくれると自負しています。

今回は本書の出版にあたり、私が長年蓄積してきたデータから作り上げたこの釣法について書き起こしました。釣り場でぜひ実践してみて、チヌカカリ釣りは決して難しい釣りではないことを実感していただければと思います。

釣りにはいろいろな楽しみ方があります。

「大自然の中でイトをたらすだけで楽しい」もちろんです。

「競技、大会は結果よりも他の参加者との交流や情報交換などの親睦、コミュニケーションを取れる」これも楽しいです。

しかし、大半の方の釣りの目的は「人より多く、人より大きな魚を」ではないでしょうか。無人島で釣りをしてもきっと、何尾釣ったとか魚の数も数えないでしょうし、大きな魚を釣りあげても魚拓はもちろん、大きさや重さも計らないでしょう。それよりも食べておいしい魚をねらうことになるでしょう。

今現在の釣り界では競技、大会が脚光を浴び、釣りクラブなどに席を置く人も多くいます。これは技術向上を目差しての場合が多く、釣ることそのものが主眼となります。本書はそういった方々をはじめ、チヌカカリ釣りに興味のあるすべての方に読んでいただき、「チヌカカリ釣りがある日突然上手く」なっていることを実感していただければと願っています。

目次

壱ノ扉　知らなきゃ大損！　テクニック以前の超常識

弐ノ扉　それでいいのか？　タックル大検証

参ノ扉　釣果UPを阻む「こだわり」と「壁」

カバー装丁　日創
イラスト　廣田雅之

四ノ扉　〝自称中級者〟が落ちる6つの「穴」

伍ノ扉　釣果UPに即効!ヒント集

壱ノ扉

知らなきゃ大損！
テクニック以前の超常識

ダンゴ釣りと広角釣法の各パターン

この扉では、チヌのカカリ釣りを楽しまれている方々にとっては当たり前ともいえることかもしれませんが、復習の意味も兼ねて釣り方やチヌの習性などを含めて解説していきたいと思います。

私が考え、行なっているチヌのカカリ釣りには、大きく分けてダンゴ釣りと広角釣法の2通りがあります。簡単に説明すると、ダンゴ釣りは魚を寄せるためのダンゴに付けエサ（ハリの付いたエサ）を包み海底まで沈める方法です。広角釣法はハリに刺したエサを、オモリを打ってその重みで落としていく方法を差します。

以前のカカリ釣りでは付けエサが浮き上がるとエサ取りの餌食になるので、オモリを打ってエサを確実に海底にキープする考え方が一般的でした。したがってダンゴ釣りでも広角釣法でもオモリを使って釣る方法が主流でしたが、私はオモリを打たずに極力自然な状態のエサに見せることを最重要視しています。

オモリを打たずに付けエサを海底にキープすることは、難しいと感じる方もいるかもしれません。しかし、潮の流れに合わせてラインをうまく送り込んでいくことで、それは意

関東遠征釣行で釣りあげた年無し

外に簡単にできるのです。
アタリについても、オモリが付いていていないことで穂先にダイレクトで明確なアタリが出にくくなる傾向はありますが、そのぶんチヌが付けエサを食ったときの違和感は少ない。結果としてかえって大きなアタリが出て合わせるタイミングが取りやすい場合が多くなります。最近では、こうした私が提唱するオモリを使用しない釣り、カカリ釣りのゼロ釣法が主流となっています。
それでは簡単に復習の意味も兼ねてダンゴ釣りと広角釣法のパターンを紹介しましょう。
ダンゴ釣りは大きく分けて以下のパターンとなります。

①中層でダンゴから付けエサを抜き、ダンゴの濁りの中に付けエサを同調させて落とし込んでいく方法。
②ダンゴの着底後、意図的に穂先にテンションを掛けてエサ出しを確認する方法（トントンと呼んでいる）。
③ダンゴに反応する魚がいる場合、穂先にテンションを掛けず、魚にダンゴを割らせる方法。
④ダンゴが着底したら穂先にテンションを掛けてエサ出しを確認後、ラインを多めに出して這わせる方法。
⑤ダンゴの着底後、エサ出しを確認せずにラインを水深の2~3割まで出す方法（ハワセと呼んでいる）。
⑥ダンゴの着底後、エサ出しを確認せずにラインを水深に対して5割以上、ときには水深と同じ量まで出す方法（大ハワセと呼んでいる）。
これらのパターンは特にオモリの有無で釣り方が変わることはありません。しかし、オモリが付いていないほうがチヌに遭遇する確率が高いといえます。

次に広角釣法。こちらは大きく分けて以下のパターンとなります。
①ダンゴを打って濁りの中に付けエサを落とし込む方法。

チヌカカリ釣りの象徴ともいえるダンゴと配合エサ等各種。チヌを寄せる
釣り人の武器であると同時に、釣り人を悩ますことの多いものでもある

穂先を水中に入れてチヌの急激な突っ込みをしのぐ

②ダンゴを打って濁りの外に付けエサを落とし込む方法。
③ダンゴのポイントとは全く違うポイント（遠投）へ付けエサを落とし込む方法。
広角釣法に関してもダンゴ釣りと同様に、オモリの有無で釣り方が変わることはありません。

ダンゴ釣りと広角釣法。この2つの方法で、その日、そのとき、その状況から最善の方法を見つけ出して釣りを組み立てることができれば、好釣果を得られます。

あらためて、チヌの習性を理解する

ここではチヌを釣るために相手のことを知るという意味も込めて、チヌが本能的に持つ習性等について解説しましょう。

チヌの基本的な習性、それは警戒心が非常に強い一方で好奇心もたいへん旺盛であるということです。

また、捕食に関しては「面」に対して活発に捕食行動を行なう傾向が強くあります。これはどういうことかというと、チヌは海底、壁面等の平面・壁等に向かってエサを捕食するということです。具体的には海底に生息する貝類・虫類・海藻類を通常主食としており、また壁面に関しても同じことがいえるし、養殖コワリ（イケス）等では養殖魚を入れている網の底部分や側面に付着しているものを捕食しています。こういった分かりやすいところ以外でも、イカダを固定しているロープやストラクチャー周辺でも同じことがいえますし、牡蠣棚などであればなおさらです。

チヌの捕食に関する習性としては、もうひとつあります。これは魚全体に共通することですが、上から落ちて来るものに興味を示す習性も持ち合わせているということです。例としては堤防でのイガイや養殖コワリでのペレットを捕食していたりすることが挙げられます。

次に、生息域に関して。チヌは警戒心が強いことから、明るい所よりは暗い所を好む傾向があります。普段は障害物の陰やイカダの下に発生する影などに身を潜めていることが多く、そういった場所は日本全国の海に多々あります。水温の変化にも比較的強い魚であることから、磯場、砂地、堤防、湾内、沖合など、広範囲に生息しています。各地で独自の釣り方などが発達し、地方にチヌ釣りの文化があると同時に人気のターゲットになっているのはこういうわけなのです。

また、普段は物陰に潜む警戒心の強い魚でありながら時合は明確で、一旦捕食のスイッチが入ると貪欲にエサを捕食し始める傾向が強いです。

行動様式については、チヌは超大型などを除けば基本的には単体での行動ではなく、群れをなす習性があります。群れの大きさは魚体のサイズによって異なり、小型魚ほど大きな群れをつくり、大きな魚ほど群れは小さくなる傾向が強いです。したがって小型チヌでは比較的2桁《けた》、3桁といった数釣りが可能ですが、絶対数が少なく群れも小さい大型チヌの場合はなかなかそのような大釣りができません（例外として、春の産卵を迎えるために湾内に群れで入ってくるノッコミでは大型チヌの数釣りが可能な場合もあります）。小型の群れの中に大型が入っていることは少なく、数が釣れるときにサイズが似てくるのはそういった理由からです。

ほかにもいいだすとキリはないですが、このようなチヌの基本的な習性を理解することが釣果を伸ばすうえで近道のひとつとなります。

釣果を伸ばすにはまずチヌの習性を知ることから

雑食性を裏付ける多様なエサ

チヌは非常に雑食性が強く、いろいろなエサで釣ることができます。

①貝類　アケミ貝、イガイ、牡蠣、サクラ貝、フジツボ等。

②虫類　アオイソメ、マムシ、ユムシ、イチヨセ、ヘラヘラ、イソギンチャク、パイプ虫等。

③エビ類　シラサエビ（モエビ）、ウタセエビ、スジエビ、テナガエビ、ザリガニ、パッチンエビ等。

④カニ類　クモガニ（砂ガニ）、岩ガニ、ワタリガニ、タンクガニ等。

⑤シャコ類　ボケ、カメジャコ等。

⑥アミ類　オキアミ、サシアミ等。

⑦魚類　アジ、イワシ、アユ、ハゼ等の小魚。

⑧加工品　練りエサ。

⑨その他　サナギ、コーン、スイカ、ルアー（疑似餌）。

ざっと思いあたるエサを列記しただけでもこれだけの種類が挙げられます。とはいえ毎回ここに記した種類のエサを全部揃えるわけではなく、季節限定のものもあります。実際にはこの中から一部のエサをピックアップして釣り場に持参することになります。

カカリ釣りでは基本的にはオキアミ、ボケ、アケミ貝を中心に、比較的入手しやすくエサ取りにも強いコーン、サナギをプラスして、あとは釣り場の傾向や最近の当たりエサなどから何点か追加するようにしましょう。

養殖コワリなどでサオをだす場合には、チヌが通常捕食していると思われるエサに近いものとしてドライペレット、モイストペレット、魚粉などを成分とした練りエサなども効果的です。それらを細かく分けるならば、配合成分（比率）を変えて硬軟に変化を持たせたりすることも必要となってきます。私の場合はマルキユー製品数種類でまかなっており、メインで使用するのは「魚玉」、エサ取りが多い場合には「魚玉ハード」、「くわせ練りエサ・チヌ」や「釣り堀用イワシだんご」などを混ぜ合わせて使用しています。

エサ取りの少ない冬場に牡蠣棚でサオをだす場合には、牡蠣ガラ等を上撒きしながら牡蠣の付けエサを落とし込んでねらう場合もあります。年によっては牡蠣棚のロープやフロート等にイガイが異常に付着することがあり、この場合にはイガイを上撒きしながら、イガイを付けエサにして落とし込むと好釣果を得られることも多くあります。

このようにエサが何でも釣れるからといって全部を揃えるわけではなく、フィールドや季節に合わせたものをピックアップしながら、持参しているエサをローテーションさせていくことがよいでしょう。

付けエサいろいろ

①アケミ貝
②カラス貝
③ボケジャコ
④シラサエビ
⑤ボケジャコ（小）
⑥クモガニ
⑦オキアミ
⑧アオイソメ
⑨サナギ
⑩コーン

情報収集なくしてねらいの釣りなし

情報収集は釣果をしっかりと出すうえで最も重要な要素です。なぜなら、いくらよく通って熟知している釣り場でも、チヌの釣果がさっぱりという状況ではよい釣果を出すことはもちろん、釣果自体を出すのも難しくなります。また、大型チヌがコンスタントに釣れている場所で小型の数釣りを楽しもうと思っても難しく、その逆もしかりです。

釣行前には必ず「どういった釣りをしたいか」「ねらうサイズは」など、自身が思い描く釣りができる可能性の高い釣り場をピックアップすることになります。その釣り場を選定するうえで情報収集が必要となってくるわけです。

私がカカリ釣りを始めた頃は渡船店へ直接電話で問い合わせて状況を確認したり、新聞に掲載される釣果情報、知人や友人からの情報程度しか得ることができませんでした。ところが昨今はインターネットの普及で、誰でも簡単にそれらの情報を幅広く収集することが可能になっています。渡船店のホームページでは釣果情報に加えてチヌの写真が掲載されていることもあり、目で見て釣果を確認できます。さらに、検索によるキーワード入力で個人が開設するブログなどからもフレッシュな情報を得ることができます。そういったサイトが見つかると、第三者的な見方で釣り場を分析されているケースもあって大変有意義な情報が得られることが多いものです。私自身も数年前からブログを開設しており（兼松伸行つりＢＬＯＧ　http://sea.ap.teacup.com/kanematsu/）、釣行したときにはどの渡船店に行ってどのような釣果であったかを即日アップしているので、参考にして頂ければと思います。

次に、具体例として私が釣行するときに行なう情報収集の方法を紹介するので参考にしてみてください。

まず、「どんな釣りをしたい」のかを考える（数は釣れなくてもよいので大型チヌをねらうのか、小型でもよいので数をねらいたいのか）。

そのうえで過去の経験から実績のあるポイントをピックアップし、渡船店の情報をインターネットを使ってチェック。

そこで予想どおりに釣果が出ていれば、それぞれの渡船店に直接電話をかけてエサ取りの状況や釣れている釣り方などを聞いたうえで、行ってみようと思えば予約を行なう。不安があったり別の渡船店にも確認してみたい場合は次の渡船店へ連絡してみる。

このとき仮予約的なことをしてしまい、結果的に別の場所へ釣行することになると仮予約の渡船店に迷惑をかけることになるので、私はそのようなことはしません。他の渡船店に連絡している間に予約が入ってしまった場合は運がなかったとあきらめています。

さて、納得して予約を入れたら前記のようにエサ取りの状況、釣れているエサは何か、どんなサイズがメインなのか、時合いはいつ頃か、どういった釣り方で釣果が出ているのか等の各情報をしっかりと確認します。その情報をもとにエサを予約し、出発という感じです。

渡船店によって一番違うのは、どういった方法で当日に自分が釣りを行なうポイントが決まるかです。船頭さん任せの所、予約時にポイントを指定できる所、抽選を行なう所もあります。後で「こんなポイントで釣りをする予定ではなかった」と後悔しないように、その点だけはしっかりと予約時に確認しておくことが大切です。

道具の配置はすべてに意味がある

カカリ釣りは仕掛けが大変シンプルな釣りである一方で、1日の釣り時間が長いこと、多種多様なエサを持参することなどから用意する道具が多くなってしまいます。

私は釣りに行って「ここでアレがあったら……」とか、「雨なんか降る予報ではなかったので雨具がない……」などのことがないように、多少荷物が多くなってもそれらをコンパクトにまとめて持参するようにしています。カカリ釣りを日頃から楽しまれ、本書を読んで釣果アップを考えておられる方も同じような状況ではないでしょうか。

本扉はテクニック以前の超常識という見出しではありますが、1日の釣りを快適でスムーズに進めるために私が実践している道具の配置を紹介してみます。ぜひ参考にしていただければと思います。

まず、持参しているのは飲み物や食事を入れる26Lクーラー、エサを入れておく26Lクーラー、ダンゴを配合するプラスチック製コンテナボックス（中にエサバッカン、貝割り器などが入っている）、タックルや雨具等を入れてあるハードバッカン、ロッドケース、椅子、スカリ、これにダンゴが通常の状態でシラサエビを使用する場合はエビクーラーが追加されます。

ポイントに到着したら釣り座に椅子を置き、椅子に座った状態で右側に飲み物や食事が入ったクーラーを、左側にダンゴを配合するコンテナボックスを配置します（私は右手にサオを持ち左手でリールを巻くので、逆の場合は椅子を中心に反対にしてください）。

次に、コンテナボックスの後ろにエサが入っているクーラーを配置します。シラサエビを持参しているときは、椅子の真後ろからややコンテナボックス寄りにエビクーラーを配置しています。要するにダンゴを握ったり付けエサを付けたり、釣りに関する作業はすべて左向きで行なえるようにすることで無駄のない動きができることになるのです。

私は競技大会にも参加しています。そこでは2時間という限られた時間の中でチヌの数を競うので1秒たりとも無駄にはできません。そのような状況で最も効率的な配置の仕方をいろいろと検証を重ねた結果、今の配置に行き着いたわけです。

これは競技大会だけのものではなく、普段の釣りでも私は同様の配置でストレスのない釣りを楽しんでいます。1日の釣りを効率的に気持ちよく行なうには大切なことです。

タックルの配置（サオは右側からだす）

イスの後方からタックル配置の左側を見る。道具やエサの置き方ひとつで釣りの快適度や効率が全然違ってくる

弐ノ扉

それでいいのか？
タックル大検証

ロッドは全体のバランス、穂先の表現力、ズーム機能を重視

カカリ釣りに限らず、釣りは各ジャンルで多種多様な道具が市販されています。サオ、リール、ハリ、ラインなどこれがなくては釣りができない必須アイテムから、スムーズに釣りができる便利グッズ、快適で安全に釣りが楽しめるモノなど、さまざまです。ここから先の項目ではそれらの各アイテムをさまざまな視点から検証していきます。

まず、ロッドについて。

私がカカリ釣りを始めたのは中学生のときで、早30年あまりの歳月が過ぎました。当時はカカリ釣りの専用ロッドも少なく、満足できるものがありません。だから自分で納得できるサオを自作していたのです。握り部分に矢竹や布袋竹を用い、バット部分には古くなったヘラザオや投げ釣り用のサオなどの部分を流用し、穂先はグラスソリッドを削りました。ガイドはルビーガイドと、穂先にはステンレス製の針金を加工した軽量なガイドを装着しました。カカリ釣りはまだ知名度がなく、道具に関しても専用の部材が市販されていなかったので仕方なかったのです。

それから10年くらいたつとカカリ釣りを楽しむ人も徐々に増えてきたのか、自作専用の

キットがメーカーから発売され始め、それらを活用して自作ザオを作るようになります。私は当時から100本以上を自作しており、行き着いたのがズーム機能を持った自作ザオでした。サオの長さに関しても短いものから長いものまでを揃えて、自分の釣りを楽しみながら競技や大会へも参加していました。

その後はウイング 黒鯛工房のフィールドテスターを務めることになり、いろいろなサオの開発やテストに携わっていきます。その中で私が追求したのは、チヌが掛かったときにサオのトップからグリップの前まで角がなく綺麗に弧を描く全体のバランスのよさ、表現力の高い穂先、ズーム機能を持たせる等の点です。

これらを実現化したの

「THE アスリート大チヌ N.KANEMATSU MODEL」各種。リールは同じくウイング 黒鯛工房の THE アスリートシリーズ各モデル

が同社の「THEアスリート大チヌN．KANEMATSU」モデルです。前記の点を妥協せず何度もテストを繰り返した結果、私自身も大変満足できる仕上りになりました。名前に「大チヌ」と入っていますが、曲がりのバランスが秀逸で小型の数釣りにも充分対応できます。もちろんバット部分にパワーがあるので大型チヌとのやり取りも問題なく、オールラウンドに使用できます。また、ズーム機能も設けられているのでサオを持ち変えることなくイカダ際から遠めまでを無理なくねらえ、不意に大型チヌがきた場合にもサオを長くしてタメをきかせることもできるのが特徴です。

穂先はタイプ3～5まで3種類設定されており、好みに応じた穂先をセレクトして使用できます。私の場合は1年を通してフィールドを問わずタイプ5を使用しています。

これとは別に、中～小型の数釣りをメインとする場合には2010年に同社から発売されたアスリートシリーズの中でも軟調子といわれる「THEアスリートトレーサー150」や同180を使用し、細いラインでの数釣りを楽しんでいます。軟調なのでチヌとのやり取りが大変面白く、ライン負担の軽減により細いラインの使用が可能になりました。

2011年には同シリーズの大型用として「THEアスリートトラガー」もリリースされています。これもバランスがよく、大型チヌの引きをロッドのパワーで止めることができ、アスリートシリーズ中最高峰レベルのロッドに仕上がっています。

最近では新しくデザインもよいサオが多数市販され、それぞれに特徴があります。それらの特徴をよく理解したうえで、フィールドやターゲットとなるチヌのサイズなどに合わせて使うサオを選定しながら楽しんで頂ければと思います。

2009 年 JFT チヌトーナメントで優勝。実釣や競技での経験の積み重ねが明日のタックルを生み出す原動力となる

穂先は海中の情報をとらえるアンテナだ

サオで魚からの反応を見るのに一番重要な部分が穂先です。そこに出る動きを見て釣り人は見えない海中の情報を得ます。

穂先にはさまざまな種類がありますが、大きく分けると先調子と胴調子になります。先調子とはトップから10㎝前後の部分に曲がりの起点が設定されている穂先で、胴調子は曲がりの起点が20～30㎝前後に設定されているものを差します。そして、一般的には穂先の調子を現わす表現として先調子の場合であれば9：1から8：2と呼び、胴調子は7：3～6：4と表現することもあります。

数字ではこのような区別ですが、実際には「ここまでが先調子、ここからが胴調子」という厳密な基準はなく、感覚的な部分もあります。また、先調子は穂先のソリッドが先端へいくに従って急激に細く削られているファストテーパーで、胴調子は緩やかに削られているスローテーパーの仕上げになっています。

一般的には先調子の場合は掛けて合わせる釣りに向き、胴調子の場合はじっくり食わせる釣りに向いているといわれますが、どちらの場合でもロッドやライン操作でカバーでき

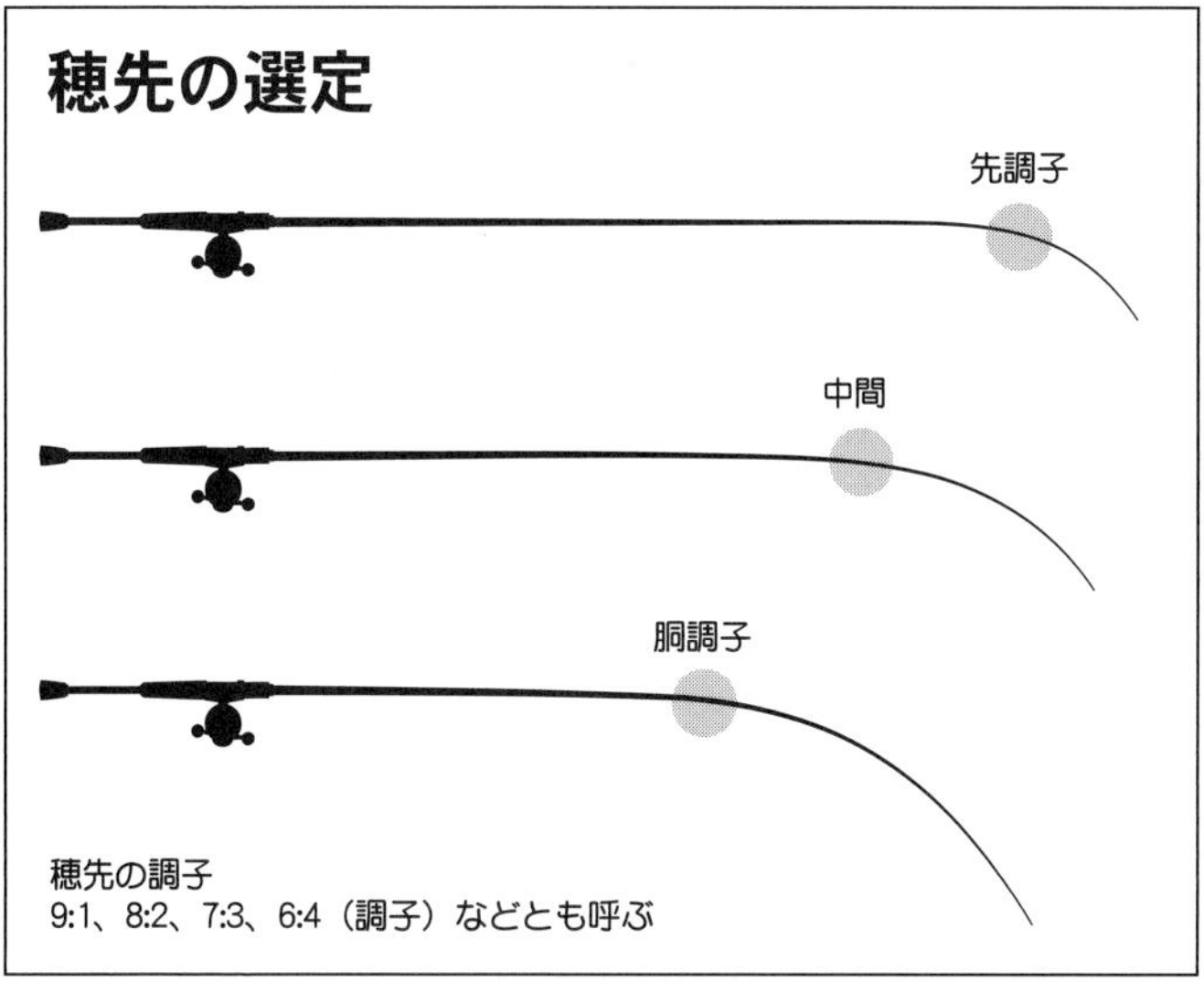

るので使い慣れた穂先を使用すればよいのです。また、別項でも述べるのでここではあまり詳しく書きませんが、穂先は見えない海中の情報を唯一視覚的に釣り人へ伝達する部分です。その点からも自分が一番感知しやすいものを使うのがよく、他の釣り人がとやかくいうことではないと私は考えています。

そのうえで私が個人的に考える穂先は、どちらかといえば胴調子で、曲がりの起点から先端までが角なく綺麗に曲がる表現力のある穂先が見やすいと思います。過去には自作ザオを使用し、もちろん穂先も自分で作成しました。そのときに軟らかさの目安としたのが、0・8号オモリをぶら下げたときに先端が15cm程度垂

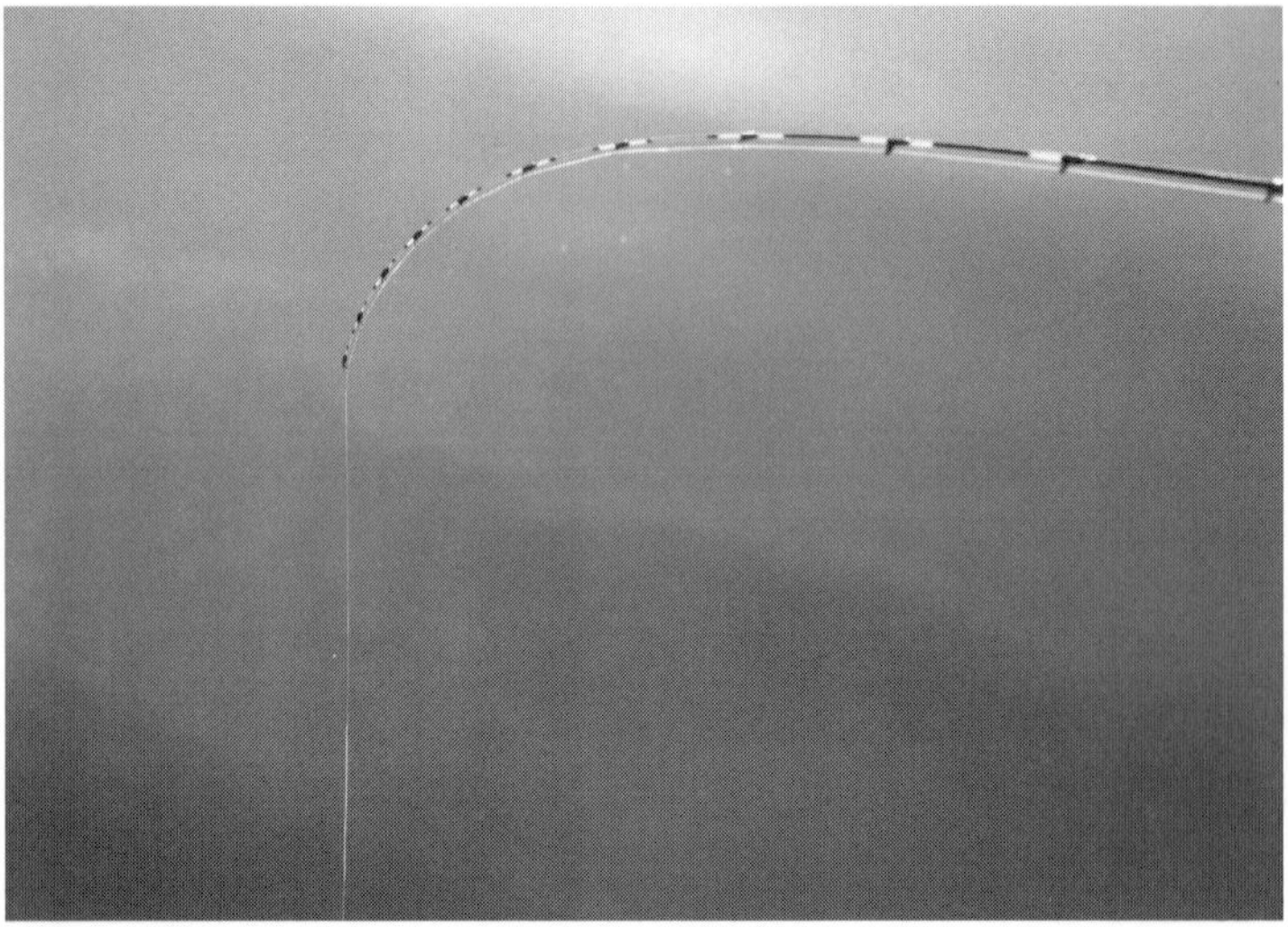
海中の情報、魚の反応はこの穂先に集約して表われる

れ下がるあたりです。
以前は市販品で納得できる仕上りの穂先がなかったので自作していました。現在は私がテスターを務めるウイング 黒鯛工房から市販されているロッドの穂先が、私自身が何度もテストを繰り返したそれと同様の仕上がりになっているので付属の穂先を使用しています。またガイドについては、私は下向きリールをメインで使用していますが、曲がりに違和感が出ないような位置や間隔でガイドが設置されています。
いろいろと書きましたが、以上のことを参考に、基本的には釣り人自身が穂先に表われる動きから情報を得やすいものを選定し、使いこなせればよいのです。

リールは回転性能最優先

私がカカリ釣りを始めた頃はまだ専用リールと呼ばれるようなものはないに等しく、小型の軸の細い両軸リールや木ゴマリール、鳴門リール等を使用していました。両軸リールは回転が悪く、スプール径が細いのでラインの出し入れが難しい点がありました。ラインにも巻きグセが付きやすく、バックラッシュなどのライントラブルも多かったのです。木ゴマリールや鳴門リールは、ハンドル1回転に付きスプール1回転＝1：1の比率のため非常に巻き取りが遅く、せっかく掛けた魚をバラすことも多くありました。特に深場の釣り場などでは打ち返しにも巻き取りが遅いため時間が掛かってしまいます。

両者に共通していえるのは、スプール回転が悪く私が思い描く自由なラインの送り出しが困難だったという点です。

その後、チヌカカリ釣り用の両軸リールが発売されるのですが、スプール径は相変わらず小さく、レベルワインドなどを装着したがためにラインの出はスムーズとはいえませんでした。

転機が訪れたのは、全日本釣り技術振興評議会（ＪＦＴ）の故・佐古田修一理事長が当時トップトーナメンターの故・瀬川彦次氏（京阪チヌ研初代会長）にダイワ精工の「バイキングＳＴ—44」を使わせたことからでした。このとき、利き手でサオを持ち操作を行ない、逆の手でリールを巻くスタイルが提唱・実践され、瀬川氏は競技でも好成績を残したのです。

これがきっかけとなり、このリールを使用して利き手でサオを操作する釣り人が一気に増えていきます。同じスタイルを実践した釣り人の多くは技術の向上とともに飛躍的に釣果を伸ばしました。現在主流となっている下向き片軸リールを使用した釣りの元祖がここにあるといっていいでしょう。ダイワ精工はさらにその後、チヌカカリ釣り専用リールとして「バイキング極50」を開発しています。

そして同時期にウイング黒鯛工房からも下向き片軸専用リールが発売されます。回転性能やスプール径を改良して非常に良好な回転性能を持つもので、スプール径も65㎜までアップしたリミテッドシリーズがラインアップされました。私がウイング黒鯛工房と契約してからは、さらに進化を加えた「ＴＨＥアスリート競技」をはじめ、下向き片軸受けリールでありながらドラグ機能を搭載した「ＴＨＥアスリート大チヌ65Ｄ」、限定販売の「ＴＨＥアスリート65—ＲＣ」も人気商品となりました。

その後は掛けたチヌをいち早く取り込めることや、ハワセ・大ハワセなどの釣り方の進化があり、さらに高速での巻き取りがリールに求められるようになります。高速ギアを搭載した「ＴＨＥアスリートレーサー65」「ＴＨＥアスリートトラガー65Ｄ」は、そんなニーズを製品に結実させた進化バージョンです。

チヌカカリ釣りのリールの歴史は、この釣りが独自のジャンルとして発展・確立していった過程でもあり、そこで求められた機能の第一は回転性能のよさでした。回転性能のよいリールは普段の釣りをストレスなく行なうことができ、釣果アップのためには必要不可欠なものです。これがこの項で私が述べたかった主旨です。

回転性能のよいリールは好釣果を得るための必須アイテムといっていい

ラインはフロロカーボン製が定番、ハリは状況に応じて選ぶ

私はラインとハリに関しては現在、オーナーばりと契約しているので同社の製品を使用しています。

ラインは以前はナイロン製を使用していましたが比重が小さく、巻きグセが付きやすいのと強度にも問題がありました。これを解消してくれたのがフロロカーボン製ハリスの登場です。私はこれをリールに通しで巻くようになり、仕掛けもその先にハリを結ぶシンプルなものになりました。フロロカーボン製のラインを使用するメリットはまず比重の大きさにあります。吸水率が低い、結束強度が高い、根ズレなどにも強いという特徴もあります。また、巻きグセが付いても引っ張って伸ばすと緩和されます。

フロロカーボン製ラインはその後、さらにしなやかさやラインさばきのよさが向上し、深場もねらえるような100m巻きのカカリ釣り専用ラインも市販されました。それでも「100％満足」というところまではなかなかいきません。

2002年、オーナーばりはライン専門に開発・販売を行なう部門を設立し「ザイト」ブランドを立ち上げます。「ザイト」ではチヌカカリ釣り専用ラインの開発を私が中心

となって行なうことになり、現在市販されている「ザイト・筏かかり」0・8号から3号（ツインスプール100m巻き）までをラインナップしました。今まで以上にしなやかさを向上させ、根ズレにも強く改良し、現段階では満足して使用しています。

一方、ハリについては選択肢が意外に広かったなかで、チヌバリといえばヒネリが入っているのが定番でしたが、誘い釣りの全盛期にはストレート形状の細軸バリ「競技チヌ」が定番となりました。活きエビや活きエサを使うことの多い釣りでは細軸のほうがエサのダメージが少ないといわれて多用されましたが、細軸ゆえの強度の問題がありました。折れ、伸びの克服は避けて通れない課題でした。

　これに対応すべく、ストレート形状はそのままに、線径だけをアップした「スーパー競技チヌ」シリーズが発売されます。このハリ

上／ラインはフロロカーボン製を通しで使用
下／ハリ各種。ねらうチヌのサイズや釣り方に応じて最適なハリを選びたい

は中型サイズのチヌには充分ですが、超大型となると若干のクリアすべき点がありました。その進化形といえるのが私のプロデュースでさらに線径をアップした「ウルトラ競技チヌ」です。これはWケンやハリ結びのズレを防ぐプレスシャンクなども兼ね備え、カラーもエサとの同調を意識したブロンズ系とすることで大きな進化を遂げました。

さて、ハリの選定を行なううえでの基本は、ねらうチヌのサイズや釣り方によっても使用するハリを変更していくことです。私の場合は、小型チヌの数釣りであれば「競技チヌ」0・8号よりもさらに小さい「活エビ専用」5、6号を使用。また、少し特殊な釣り方ですがダウンショットリグでチヌをねらう場合は「早技チヌスレ」2号を使用するといった感じです。

ライン、ハリは進化を続け、現在はかなりの種類の商品がラインナップされています。それぞれに特徴があり、目的や用途に合わせたものを選定していただければと思います。

ゴム張り加工オモリはラインにやさしい

カカリ釣りの仕掛けは、リールに巻かれたラインをサオのガイドに通し、ラインの先端にハリが結んであるだけのシンプルなものです。サルカンやウキなどは通常一切使用せず、状況によってラインにオモリを打つ程度です。

そのオモリですが、一般的にはBや2Bといったハリスに挟み込んで固定する鉛製ガン玉と、内部にゴムパイプが通っていてパイプの中にラインを通して使用するフリーシンカーがあります。また、近年はルアーフィッシングで使用される鉛よりも比重の大きなタングステン製シンカーも使われるようになりました。

これらの3種類のオモリの中で、最も使用頻度が高いのは最初に挙げたハリスに挟み込んでラインに固定するタイプです。以前は多くの釣りで使われる一般的なガン玉を流用していましたが、ヤマワ産業からラインと接する内側の部分にゴム張り加工されたものが市販されると、カカリ釣りではこれが広く使用されるようになりました。

このオモリは内側のゴムによってラインを傷付けずにオモリを移動することができるため、ハリスの傷によるラインブレイクの危険性が低減しました。しかも内側に貼っている

割れ目内側にゴム張り加工してあるガン玉。使い勝手のよさとライン保護の観点から多用されている

ゴムを少しだけ外に出しているので、アワセを入れたときにオモリの縁にラインが擦れてラインブレイクする確率も減っています。以前は強いアワセをしたときなどにオモリがズレたり外れてしまったりする不具合がありましたが、新発売された「やや硬め」タイプではそういった問題点も改善されて非常に使いやすくなっています。

オモリが直接原因のラインブレイクは、実際にはそうそう発生することはないかもしれません。しかし、このような細かい部分も考慮して使用する製品を選定していくこと、その積み重ねが今後の1尾につながっていくはずだと私は確信します。

釣りを快適にしてくれるエサバッカン

釣りを行なう上で最近は便利な小道具が増えている。そのひとつに「エサバッカン」という、刺しエサを小出しにして保管できる製品があります。

カカリ釣りは基本的に落とし込みのようにポイント移動する釣りではないし、磯釣りのように足場が不安定な所で釣りをするわけでもありません。だからエサはクーラーの中などに入れておけばよいともいえます。しかし快適に釣りをしたいのならエサバッカンがあると大変便利です。

たとえば付けエサにするブロックのオキアミをエサバッカンに入れておくと、いちいちオキアミの袋に手を突っ込んで付けエサを取る必要がなくなり、スムーズでストレスの少ない釣りが展開できます。最初にオキアミのサイズを選定して大きめ、小さめを分けてエサバッカンに保管しておけばさらに便利です。

パックに入っている加工のオキアミ等は、開封直後からしばらくは新鮮な状態ですが、パックのまま放置しておくと徐々に乾燥して新鮮さが失われチヌの食いも落ちてしまいます。これをエサバッカンの中に入れてフタをしておくだけで長時間よい状態を確保できます。また、オキアミだけでなくボケ等の活き餌も海水を少量入れて小出しにしておけば、いちいちクーラーから取り出して使用する手間がはぶけて便利です。

ただしボケに関してはあまり多量に入れてしまうと酸欠やボケ同士の圧迫で弱ってしまうので、余裕を持った状態にしておくことが大事です。特に夏場は海水をまめに交換して水温が上がりすぎないように注意しましょう。

エサバッカン以外にも、虫エサを保管する木製のエサ箱、カニ類を入れる逆さ桶なども大変便利です。こういったエサを使用する場合は準備しておいたほうが1日の釣りを快適にできます。木製のエサ入れは内部が乾燥しすぎるとエサが弱ります。エサを入れる前に海水につけてエサ箱を湿らせておくことで適度な湿度を保ち、活きのよいエサを常に使用できるでしょう。

また、シラサエビを使用するときには付けエサ用のシラサエビを小出しにできる容器があるとやはり便利です。大きさなどは使用する量によって各自で選定してよいです。ただしシラサエビは跳ねるので深さがある程度ないと逃げてしまいます。深めの容器かフタ付きのものを使用するようにしましょう。ちなみに私は直径15㎝ほどで深さが25㎝くらいのプラスチック製容器を使用しています。

シラサエビは海水で保管するとすぐに弱ってしまうので、小出しにする容器の中に入れ

写真中央上左のフタ付き容器がエサバッカン。その下は木製エサ箱。
写真右側は一般のクーラーを改良した自作エビクーラー

る水は真水を使用することです。

これらの小物はなくても釣りをすることは可能ですし、釣り場へ持参する道具が多くなるなどのデメリットもあります。それでも有効に使用することで1日の釣りを快適かつスピーディーに行なえるので、まだ使用されたことのない方は一度ぜひ試してみてください。

エビクーラーに一工夫

秋の数釣り期などでメインとなるシラサエビを保管するのがエビクラー（エビブクともいう）です。これは市販品でも問題なく使用できますが、シラサエビをたくさん持参したい場合や気温の高い夏場は若干不安があります。そこで私は釣具店で市販されている普通のクーラーをエビ専用のクーラーに改造しています。

現在使用しているのは18Ｌの高保冷タイプで、エアポンプを2台セットできるようにしてあり、内部にはラバー製のアミを入れてシラサエビがつかまって休めるように改造しています。18Ｌあればお店にもよりますが約10杯分のシラサエビを入れられ、1日の釣りをシラサエビメインで釣る場合でも安心です。高保冷力の製品を使用するのは、もちろんクーラー内の温度上昇をできるだけ防ぎたいからです。

シラサエビの保管上、水温上昇は一番のＮＧ項目です。水温が上がるとシラサエビは一気に弱り、何匹かが死に始めると水が汚くなって死ぬ早さが加速度的に高まり、あっという間に全滅といったことも充分あり得ます。私も水温上昇には非常に気を遣っており、夏場であればコンビニエンスストアなどで販売している板氷を1枚放り込んでおいてちょう

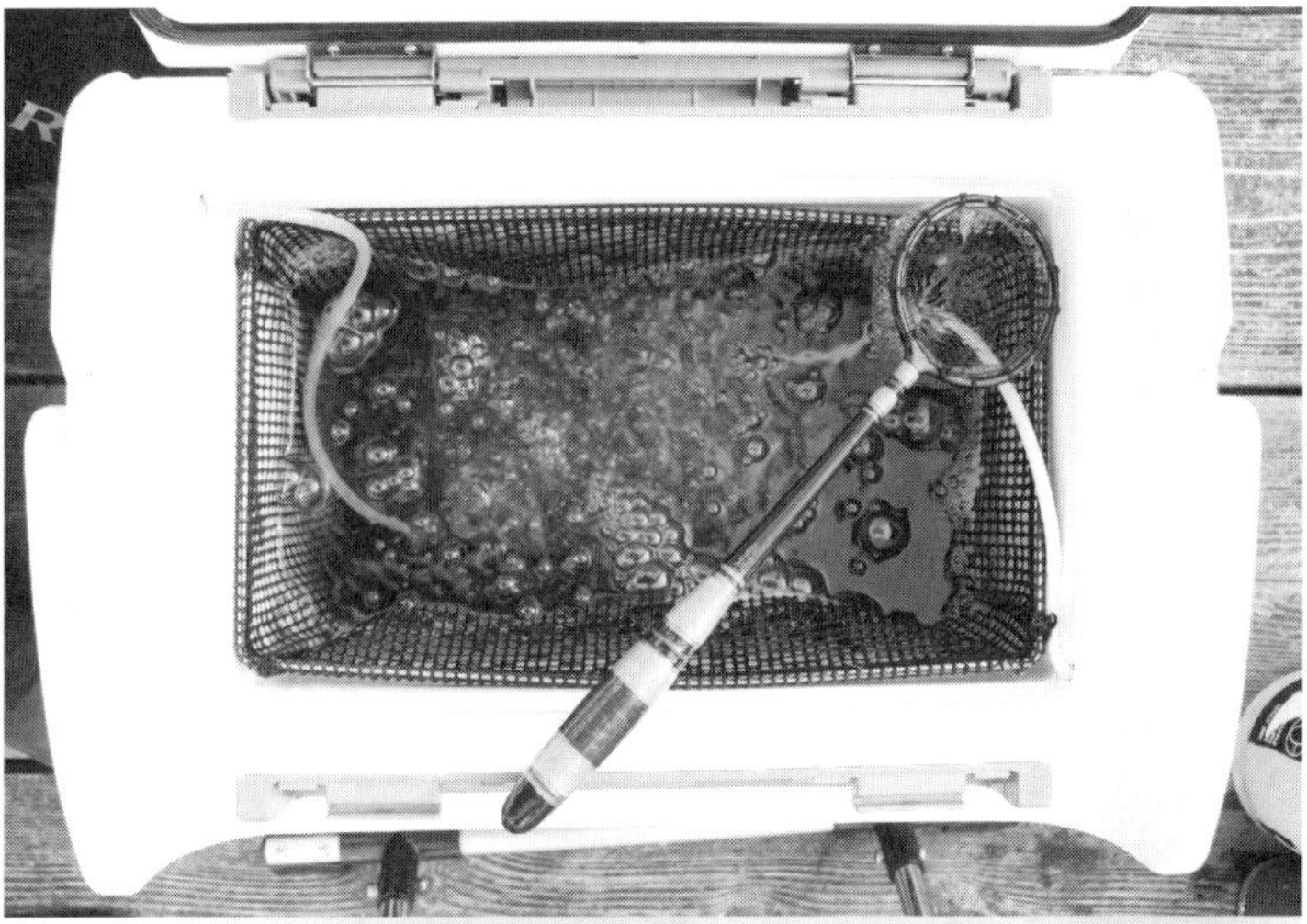

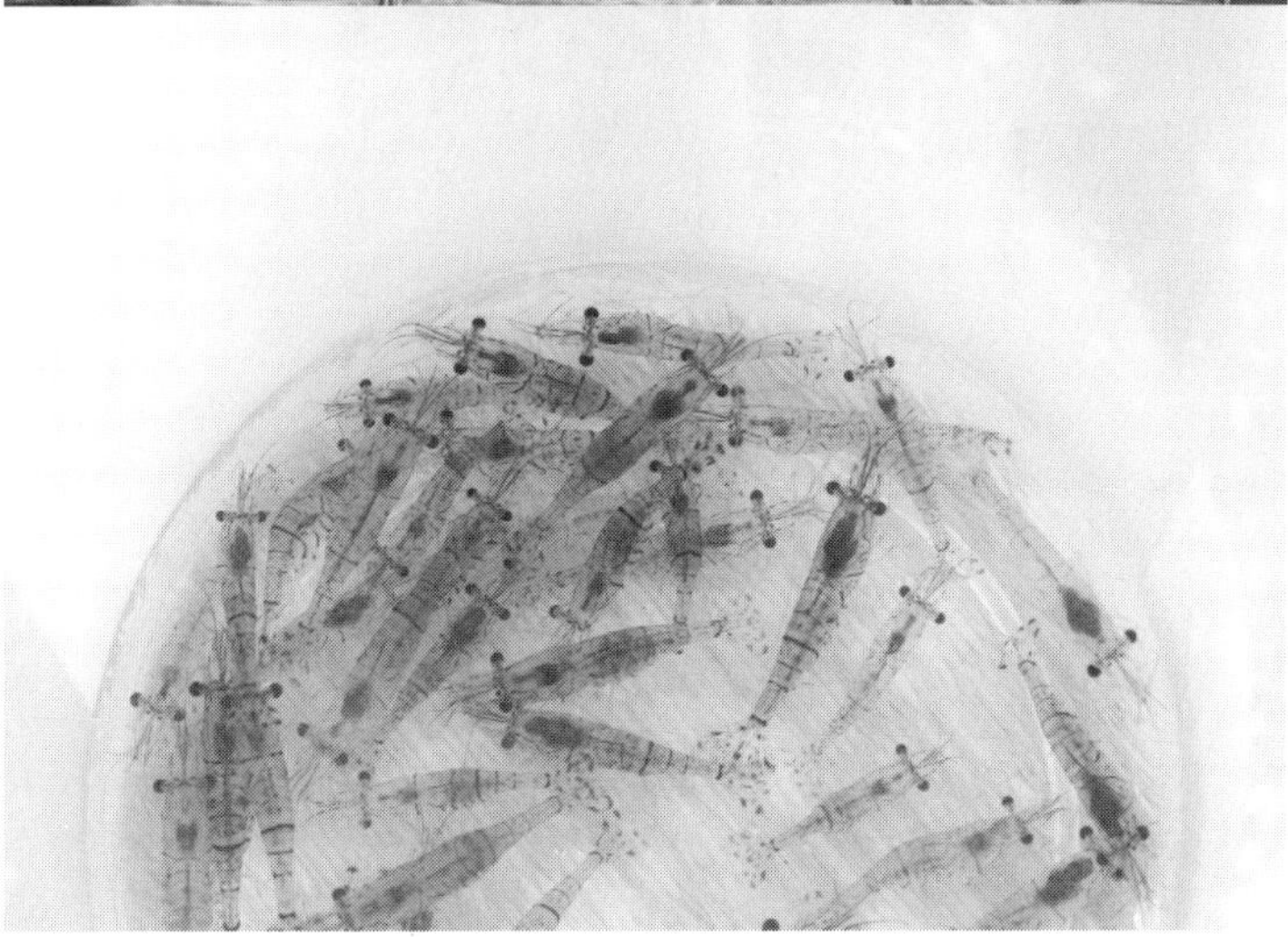

普通のクーラーを自作改良したエビクーラー。活きが命のシラサエビはエサのコンディションにも最大限気を遣いたいもの。帰りは釣果の持ち帰りにも兼用できるので一石二鳥だ

どくらいです。板氷1枚というと「冷えすぎでは？」と思われるかもしれませんが、シラサエビに直接氷が触れなければ少々水温が下がっても仮死状態となるだけですから、少し冷やしすぎかなと思えるほどでも特に問題はありません。夏場で大変暑い日であれば、別のクーラーにもう1枚の板氷を入れておき追加してやることがあるくらいです。

また、たいしたことではないですが氷を入れるときにはビニール袋から氷を出さずそのまま入れておき、氷が溶けたら元々入っている水を少し汲み出し、溶けた氷の水を追加してやると水の鮮度も保たれてよい状態で保管できるでしょう。

最後に、エアポンプは中に入れるシラサエビの量によっては1台でも問題ありませんが、今回述べた18Lクラスのクーラーであれば、5杯以上のエビを生かす場合には酸欠を防ぐためにも2台設置しておくことをお勧めします。

シラサエビはオキアミ等とは違って活きエサなので、できるだけ新鮮で活きのよい状態で使用したいものです。普段から量を持参される方や、釣り場に到着したらシラサエビが半分死んでいたという経験をお持ちの方は、少し費用はかかるかもしれませんが私のように多少大きめのクーラーを改造して使用してみてはいかがでしょう。

大きめのクーラーで保冷力があれば、釣れた魚を持ち帰る場合にも兼用できます。そういった部分でも大変便利ですよ。

まだある便利な小物たち

前項で紹介したエサバッカン以外にも便利な小物類は多数市販されています。私自身も使用する物、あまり縁のない物といろいろですが、各人が使いやすいと感じればどんどん使用していけばよいと思います。

次に挙げるのは私自身も使用していて大変便利なので人にお勧めしたい小物類です。

まずはカカリ釣りをする方ならほぼ使用されていると思うアケミ貝割り。これはアルミ製とプラスチック製で平べったい形状をしたタイプと、アルミ製のレモン絞り器のような形状をしたものがあります。私は後者のタイプを使用しています。理由は一度にたくさんの貝を割ることができることと、割れ方を調整しやすい点です。両タイプともアケミ貝を割るためのものですから好みで選定すればよいでしょう。貝割り器を使用せず足で踏んで割ったり、手で握って潰してもよいのですが、マナーの問題やケガをしてしまうことも考えられます。まだ使ったことのない方はぜひ試してみてください。

次に、同じくアケミ貝に関する小物で貝剥きナイフがあります。これはアケミ貝を剥くのに非常に便利なナイフで、半貝、両貝、剥き身で使用する場合に重宝します。使用方法は簡単で、貝の隙間からナイフを入れて蝶つがい付近にある貝柱をカットしてやれば貝がパカッと開きます。こちらも貝割り器同様ナイフを使用せず指で割ってもよいですが、殻で指を切ったり割れて欲しくないほうの殻が割れたりと不便なので使ってみてください。ただしナイフというだけあって刃の部分はかなり鋭利に研がれています。貝の隙間にナイフを入れるとき、滑って指を切ってしまわないように気を付けてください。

以上この2点については、どちらかといえば便利というよりもカカリ釣りの必須アイテムに近いものだと思います。

これ以外の小物類で私が最近愛用していて便利だと感じるのがアイゴ鋏《はさみ》です。ご存知の方も多いと思いますが、アイゴ鋏は毒をもつ魚が釣れたときにこれで魚をつかむ鋏状の道具です。大型のアイゴなどが釣れたときには専用の大型鋏を使用しないと危険ですが、小型のアイゴやゴンズイ、ハオコゼであれば道具箱に入る程度の小型品で充分。魚へのダメージも少ない状態でハリを外して放流することも可能です。毒があっても同じ生命のある魚、そういったマナーも必要ではないかと思います。

また、競技大会でもこれでハリを外せばラインをカットしてハリを結び直す時間を稼げるので、スピードアップにも繋がるというメリットもあります。競技以外でも、時合などではどうしてもあわててしまいがちです。そんなときにも毒魚が掛かってもロスタイムなく次の1投につなげられるので、普段の釣りでも効果を実感できるでしょう。

最後にラインカッターを紹介します。これはラインをカットすることを目的に作られた小さな爪切りの形状をしたハサミで、磯釣りなど、釣りのジャンルによってはとても広く使われているものです。一方、座って広いスペースを使えるカカリ釣りの場合はラインのカットにいわゆるハサミを使用される方も多くいます。ハサミでもラインカッターでも目的は同じですが、ハサミよりはラインカッターのほうがカットしやすいのと、ベスト等にピンオンリールでぶら下げておけば落とすこともなく便利です。

ほかにもハリ外し、ハリ結び器など、使用すれば便利なものが多数市販されています。たかが小物といえども、スタイルに合わせた製品を使うことで自分の釣りがかなりスムーズにいくようになったりするものです。

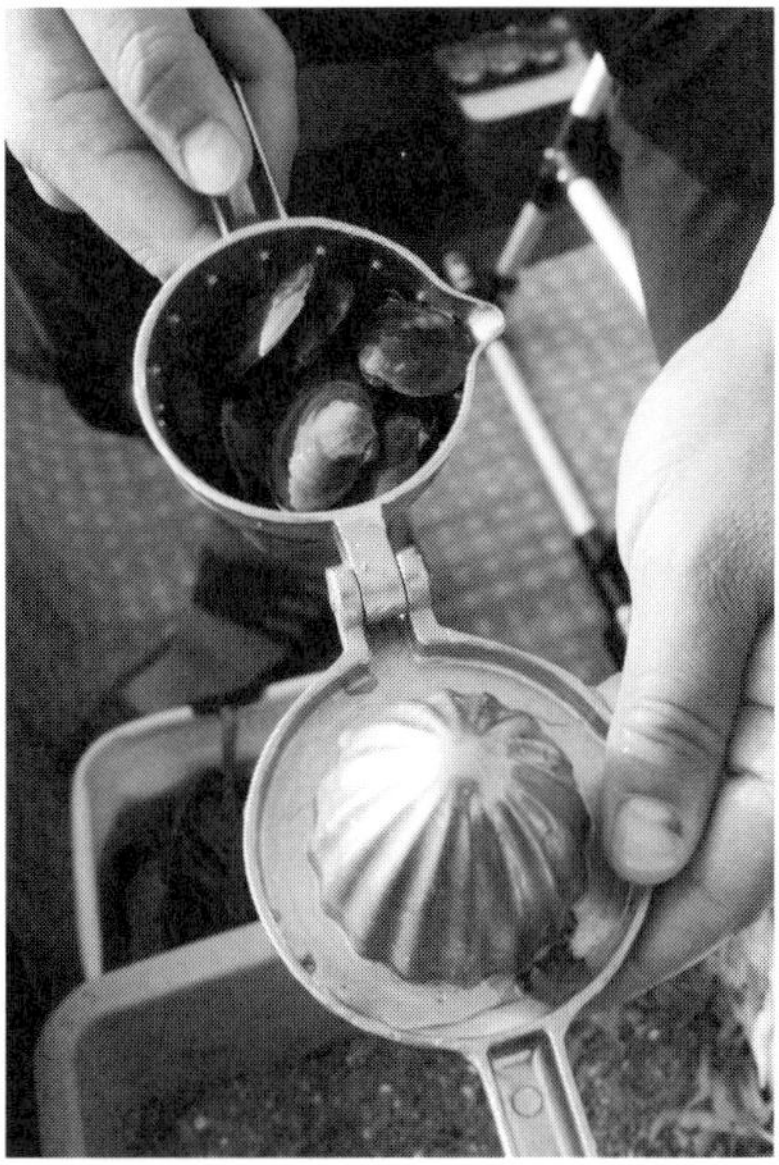

レモン絞り器のようなかたちをしたアケミ貝割り。一度にたくさん貝を割ることができ、割り方の調整も利くので便利

参ノ扉

釣果UPを阻む「こだわり」と「壁」

タックルに対するこだわり

チヌカカリ釣りは、釣り方、エサ、道具等、いろいろなところに各人のこだわりが色濃く出る釣りだと思います。この「こだわり」、持つがゆえに楽しくもありますが自身の釣技や釣果を伸ばす機会を失ってしまうこともあります。逆にこだわりを持ったほうがよい部分もあります。ここでは釣り人なら誰しもが抱くこだわりの中でも特に目に付く事例を挙げてみましょう。

ただ最初に記しておきたいのですが、釣りは趣味である以上、こだわりがあるから面白くもあることも事実です。決してそれを否定するものではなく、「なぜ釣れないのか?」「もっと釣果を伸ばすにはどうしたらよいのか?」と悩んだときの参考にしていただければよいと思います。

以下、よく目に付くこだわりを5項目ほど紹介していきましょう。

●タックルに対するこだわり

カカリ釣りで一般的に使用されるタックルは弐ノ扉で記したとおり、サオは通常1・2

～2・1m程度の胴がしっかりしたものを用い、リールは上向きの両軸受けリールや下向きの片軸受けをセットして、ラインにハリを直結する非常にシンプルなものです。このなかで最もこだわりが見られるのが穂先です。

確かに穂先はカカリ釣りで魚の反応を一番視認しやすい部分であり、実際に穂先の動きを見て魚を掛けていくので釣り人がそこにこだわりを持つのは決して不思議な話ではありません。

各メーカーのサオに付属する穂先だけでも先調子、胴調子、エビ用、深場用などさまざまなタイプがあります。加えて、それぞれ先径が違ったり、穂先によく使用されるグラスソリッドの種類が違ったりするので非常に多彩なバリエーションが存在しているのです。また、チヌカカリ釣りのサオは簡単に自作できるため、元ザオはもちろん穂先も自作されている方も少なくありません。これだけ多種多様な穂先の中でどれがベストな選択かと考えるのはごく普通のことですし、またそれらを局面によっていろいろと試してみたくなるのも自然な成り行きでしょう。

しかしここで一度考えてもらいたいことがあります。それは、多種多様な穂先が存在するということは、違う穂先を使用すれば、同じチヌが同じエサを同じ感じで食ってきたときでも穂先に出るアタリはもちろん変わるということです。そしてこのとき、アワセどころのあるはっきりしたアタリが出てくれればよいのですが、そんなに都合よくはいかないもので微妙なアタリになることも少なくありません。

この微妙なアタリが出たとき、「常に同じ穂先を使用している方」と「毎回違う穂先を使用している方」とを比べた場合、どちらが微妙なアタリをとらえて1尾をものにする確率が高いでしょうか。これには誰もが「常に同じ穂先を使用している方」と答えられるのではないでしょうか。私も、ひとつのステップアップの方法としてさまざまな穂先を局面によって変更するよりは、同じタイプの穂先を使用し続けることで出るアタリのパターンを自ら学習していくほうが、最終的にはヒット率をより向上させられると考えています。

とはいうものの、メーカーからは常にスタイリッシュで魅力的なサオがリリースされていて（笑）、いろいろ買って使いたいとも思うものです。ちなみに私がテスターを務めるウイング 黒鯛工房の製品は、種類が違っても穂先のタイプ（テーパー）は近いものがセットされています。積極的に新製品も使いたいという方にはお勧めです。

穂先のように同じタイプを使用し続けることがステップアップにつながりやすいものがある一方で、リールのように最新型にどんどん移行していくほうがよい場合もあります。

前の項目でも書いたとおり、リールには上向きの両軸受けと下向きの片軸受けタイプがあります。それぞれに長所はあって、小型両軸受けリールはドラグ機能が付いていたり、魚とのやり取りがしやすかったりする反面、ラインの送り出しなどは非常に難しく、スプール径が小さいことからラインの巻きグセが付きやすいなどの扱いにくさがあります。

一方で下向きの片軸受けリールはスプール径が大きいので巻きグセが付きにくい、回転性能も非常によい、巻き取りスピードが速いなどのメリットがある反面、魚とのやり取りが慣れるまで難しい、リールが回転しすぎてバックラッシュしやすい等の扱いにくさがあります。しかしそれで最初は釣果が落ちたとしても、慣れたときに得られるメリットのほうが大きく、使いこなせれば間違いなく釣果アップが望めるでしょう。

エサに対するこだわり

タックル以外のこだわりでよく聞いたり目にしたりするのがエサに対するものです。たとえば「丸貝しか刺さない」とか、「丸貝でも大きいものしか刺さない」といった話を聞いたりすることがありますね。

丸貝を刺していてアタリが出れば基本的にエサ取りが釣れる可能性は少なく、ヘダイやキビレが少ない釣り場であれば高確率でチヌがヒットすることは事実です。そして、丸貝で釣れるチヌは型もそれなりに揃ってくるので、釣りをしていて非常に面白みのあるエサであることに間違いはありません。

ただ、それでは「チヌは丸貝でしか釣れないのか？」といえば、チヌは雑食性の魚でさまざまなエサを捕食しているので、その他のエサでももちろん釣れるわけです。そういうことが分かっていないながら過去に丸貝で大型チヌを多数釣りあげた経験があるとそれが忘れられず、丸貝にこだわってしまうケースが少なくない。また、ここでは丸貝を例に挙げましたが、こういう事例は丸貝以外にもボケであったりシラサエビであったり、さまざまにあります。

付けエサは先入観を捨てて臨機応変に対応していくことが釣果につながる

　このようにどんな状況であっても特定の付けエサを中心にローテーションをあまりしないとか、極端にいえばそのエサしか刺さない場合、それがアタリエサになればよい釣果を得られるでしょう。しかし長いスパンで見れば絶対的に釣果は落ちていきます。これは当たり前の話で、たとえばエサ取りが全くいない食いの悪い状況では、オキアミやボケ等の食い込みのよいエサを中心に付けエサをローテーションさせるほうがチヌを掛ける近道になるでしょう。逆にエサ取りがたくさんいてオキアミやボケ等ではエサが持たない状況の場合は、丸貝などのエサを中心にローテーションさせるほうがよい結果が望めることが多くなります。

　しかし、エサ取りが全くいない状況でオ

キアミやボケ等でもほとんど反応がないのに、なぜか丸貝にはアタリが出るという場合もあります。

「それではどうすればよいのか？」ということになりますが、答えは簡単です。釣り人側の先入観を捨てて、付けエサをいろいろとローテーションさせながら魚が反応するエサを捜していけばよいのです。

海の状況に合わせたベストな付けエサを選定していくことが釣果をアップさせるひとつの方法です。要するに、海の状況をあまり考えずに釣り人側の思い込みやこだわりで付けエサを選んでいては、よい結果が得られる確率は下がっていくということです。

海の状況は刻一刻と変化し続けています。

チヌが「その日、その場所、その時間」で食いたいエサは、釣り人が決めるのではなく、チヌに聞いてみるのが一番です。

釣り方に対するこだわり

カカリ釣りには大きく分けてダンゴ釣りと広角釣法の2つの釣り方がありますが、一般的にはカカリ釣り＝ダンゴ釣りというイメージを持たれている方が多いのではないでしょうか。

確かにカカリ釣りはダンゴの中に付けエサと撒きエサを包んで底まで落とし、ダンゴの中に入れた撒きエサを底に溜めてポイントを作り、そのポイントにチヌを寄せて掛けるのが基本中の基本です。

それはそれでよいのですが、撒きエサにはチヌだけではなくエサ取りも寄ってきます。時間によってはエサ取りの活性が高すぎてチヌが撒きエサのポイントに入って来ない場合も多々あり、そうなるとダンゴ釣りをひたすら続けてもチヌが釣れる確率は相当に低いものになってしまいます。もちろん、その中で付けエサをローテーションさせてエサ取りにやられにくいエサを刺したり、やれることはさまざまにあります（後述します）。

それらを一通りやってもチヌからの反応が出ない場合には広角釣法に変えてみることで簡単にチヌが釣れる場合がよくあります。これはダンゴがボロボロと崩れながら落ちていくときの成分や、ダンゴの中に入れてある撒きエサでエサ取りが食べ残したものが潮で流されてダンゴの濁りの外に出たとき、そこにいるチヌが捕食する場合があるからです。

このようにダンゴの中心部まで入ってこない、周囲でポツポツと撒きエサを拾っているチヌは基本的に食い気はあります。そういうチヌがいそうな場所に広角釣法で直接付けエサを落とし込んでやると簡単に釣れるのです。さらに広角釣法の場合、中層に浮いているチヌもねらうことが可能になってくるので、より幅広い層を攻略できるというわけです。

さて、実際に広角釣法でチヌがコンスタントに釣れてきたとしましょう。しばらく釣っていると徐々にチヌからの反応が悪くなったり、アタリは出るけど食い込まなかったりと状況が変わってくるはずです。これはチヌが学習してしまい釣り方に警戒心を持ってしまったのです。それなら今度は逆に広角釣法からダンゴ釣りに切り替えてみましょう。すると今までダンゴ釣りでは反応がなかったのに、ダンゴ釣りで簡単に釣れることがあります。

さあ、ここまでくればもうお分かりでしょう。ダンゴ釣りと広角釣法を状況に合わせて使い分け、どちらか片方の釣りにこだわりすぎないようにすることこそが釣果アップへの近道だということです。

並みいるエサ取り（右）をかわして
いかに本命を掛けるかが腕の見せ所

釣り場に対するこだわり

釣りはどんなジャンルでもそうですが、釣果を出す一番のポイントは釣れている場所で釣りをすることです。そんなことは分かっているよといいながら、ついつい行き慣れているホームグラウンド的な渡船店に行ってしまうことが多くないでしょうか？

普段からよく行く渡船店であればシステムも分かっているし、エサ店の場所や往復にかかる時間も計算できる。なにより釣り場のクセや傾向が分かっているので、いろいろな意味で行きやすいことは確かです。

ただ、いくらそうだとしても、たとえばよい人なら1日50尾ものチヌが釣れていてスソでもボウズなしの釣果が出ている初めての釣り場と、トップで数尾程度しか釣れていない普段通いの場所では、どちらへ釣行したほうが釣果を望めるでしょう。当然、前者のはずです。

初めての釣り場へ釣行するには何かと不安があるものです。しかし、釣行前にしっかりとインターネットなどで情報を収集し、予約の電話を入れるときに全体的な情報や、どのポイントで釣れているのかなどを確認すれば何も不安に感じることはないはずです。渡船店によってはポイントを指定して予約できる所もあります。その場合、常連も一見さんも同じ条件で釣りを楽しめるのです。普段釣行している渡船店を船頭任せの釣り場に例えるなら、逆に公平な立場で釣りができる、ともいえます。

最近では船頭まかせのお店でも電話での予約時などに話をすれば快くポイントに渡してくれる渡船店も増えているので、失礼のない範囲で交渉するのもよいかもしれません。

普段と違う渡船店での釣行には、自分自身の釣り技術の幅を広げる効果もあります。

仮に、ホームグラウンドが普段ほとんど潮の動きがなく穏やかな釣り場だとして、今度初めて行く釣り場は潮通しがよく、潮の流れがある釣り場だとします。普段は潮がほとんど利かない中での釣りなので、潮にエサを乗せて流し込んで行くような必要はありません。ところが大きな潮の動きがある釣り場の場合、潮にエサを乗せて流し込んで行かなければ釣果が出にくいとなると、大半の釣り人はうまくできるかどうかは別にして、そうしようとするでしょう。

このとき、釣果が出ている釣り場なら上手に流し込んでいける人はよい釣果が出ます。慣れない人はもちろん釣果が落ちますが、うまく流せたときにはチヌからのアタリを感じて「今の流し方でよかったんだな」と答えが出ます。アタリがなければ、よいのか悪いのかの判断すらできません。釣れている釣り場でなら、行為に対しての結論がしっかりと反映されるのでよい練習となります。

今述べた潮にエサを流し込む事例はほんの一例であり、ほかにも今まで釣ったことのないようなエサでチヌを掛けることだってできるのです。

このような経験は人から聞いているだけで会得できるものではなく、自分自身の体で覚える必要があります。そして練習（未知の体験）を積み重ねることで、やがてさまざまな条件下で安定した釣果を出すことができるようになるのです。

日本全国の釣り場でサオをだしている私がよく感じることですが、「今の状況はこの前にあそこで釣ったときとよく似ている」その記憶（感覚）が釣れないときの1尾に繋がったり、競技大会での勝利に結びついたりしています。

少し話が反れてしまいましたが、釣れているときはともかく、釣れていないときには思い切って新たなフィールドへ足を運んでみることで、それがさまざまな経験を得るきっかけになるはずです。

（左）2012年1月、白石湖の年無し
（下）こちらは高知県宿毛、同じく年無し。ホームグラウンドにこだわらない姿勢は自身の釣技を高めてくれる

オモリに対するこだわり

カカリ釣りでよく使用されるオモリは、前にも触れたとおり鉛製のガン玉の内側にゴムが張られたタイプです。これはオモリをハリスに直接打つことと、オモリを使用する意味としては付けエサが底から浮くのを防ぐことが大きくあり、根ズレ等によるハリス切れを極力抑える目的でゴム張りになっています。重さも各種用意されていて、通常はB～1号の使用頻度が高いです。

仕掛けを早く着底させたいとき、さらに重いオモリを使用したい場合にはフリーシンカーという中通しオモリを使用するケースが多いです。最近はルアー釣りで使用されるタングステン製オモリを使用することも状況次第であります。通常の鉛製オモリよりもタングステンのそれは比重が大きく、同じサイズでもより重いという特徴があり、場合によっては強力な武器になることがあります。

では、それはどんな条件下でしょうか？

秋の数釣り期において、エサ取りが少なくエサを落とせばチヌが当たるような状況では、数を釣るには打ち返しのピッチを早くすることが最大のポイントになります。このとき、落下速度が速いタングステン製は非常に有効です。

それなら中通しのフリーシンカーでもよいのではないか？　という意見も出るかもしれません。しかしオモリが大きくなると私の経験上では確実にチヌの食いが落ちてしまう。だから、質量自体は重くなっても体積上は小さなほうが食いが長続きするのです。

しかし今までのカカリ釣りではルアー用の製品を用いることはあまりなく、そういう仕掛けで釣果を出しても違和感を覚えてしまう、というケースも少なくありません。しかしやはり本音では1日の釣りを通してたくさんチヌが釣れるときには人よりも多くチヌを釣りたいと思い、人が釣れていないときでも「自分は釣りたい」と思うのが普通ではないでしょうか。

これはこだわりではなく、「新しいことを取り入れる」かどうかの問題です。未知へのチャレンジは新たな釣法を確立するヒントにもなります。釣果アップを考えている読者の方はぜひ試してみてください。

少し余談になりますが、今では一般的な釣法として確立され、誰もが一度は試してみたことがあり本書にも頻出する広角釣法も、昔のカカリ釣りでは少し邪道的な見方をされていました。その広角釣法も釣れなければカカリ釣りの2大釣法として現在には存在せず、一部のマニアが楽しむものになっていたかもしれません。よく釣れる釣法だからこそ、現

カカリ釣りで重宝する内側ゴム張りタイプのガン玉。しかし、ときにはより柔軟な視点でタックルや小道具類を見つめ直してみると新たな発見があることも。ハリひとつ、オモリひとつで結果がガラリと変わるのが釣りだ

在の位置付けになっているのだと考えられます。

従来の釣り方や道具というのは基本となるものであり、マスターしておくべきことは当然です。しかしそればかりを考えすぎて新たなことを取り入れるのを忘れてしまってはいませんか？

そんな問いかけをときには自分自身にしてみるのもよいでしょう。

釣り方の壁……広角釣法編①
撒きエサに同調させてねらいのポイントへ落とす

広角釣法とダンゴ釣りはカカリ釣りの2大釣法であり、読者の方は状況に合わせて使い分けていることと思います。この「釣り方の壁」では、普段の釣りを思い出しながらそれぞれ読み進めてみてください。

広角釣法を実践するとき、ただ単にオモリをハリスに打って前方数メートル付近の適当な位置に付けエサを投入していませんか？　そしてなぜ釣れたのかを後付けで「ダンゴ釣りでは釣れないが、チヌは周囲で撒きエサを拾っていそうだったのでダンゴを打っているポイントの周囲に落とし込んだ」といっていませんか。自身のことを思い起こして一度考えてみてください。

広角釣法は撒きエサの打ち方や潮の動き等を考慮して、チヌがいると思われるポイントへ付けエサを直接落とし込み食わせる釣法です。それゆえに、考えなしに落とし込んで釣れたチヌは「掛けたチヌ」ではなく「たまたま釣れたチヌ」になってしまいます。この違いは大変重要です。

その日の釣果としてだけ考えれば別にどちらのパターンでも問題ないのです。ただ、ステップアップを志す本書の読者の方は、きっと1日の釣果だけではなく今後の釣果をねらわれているはずなので、「掛けたチヌ」でなければなりません。

以下、多少キャリアのある方が広角釣法で陥りやすい事例を挙げて解説します。

●撒きエサに同調させてねらいのポイントへ落とす

広角釣法は先述したとおり適当に付けエサを投入して釣る釣りではありません。それでは何を基準にして付けエサの着底点を考えるのかといえば、もちろんチヌがいそうだと思われるポイントです。具体的にいうと、「ダンゴを打っているサオ下のポイント」「撒きエサが潮に流されている場合はダンゴのポイントの潮下」「海底の漁礁やカケアガリ等」「建造物（養殖イカダ、牡蠣棚、ビン玉など）の周囲」などが一般的に挙げられます。

これらのポイントのうち、「海底の漁礁やカケアガリ等」「建造物（養殖イカダ、牡蠣棚、ビン玉など）の周囲」については、釣り場によってということになります。

どこの釣り場においても有効となるポイントは「ダンゴを打っているサオ下のポイント」、「撒きエサが潮に流されている場合はダンゴのポイントの潮下」であり、このポイン

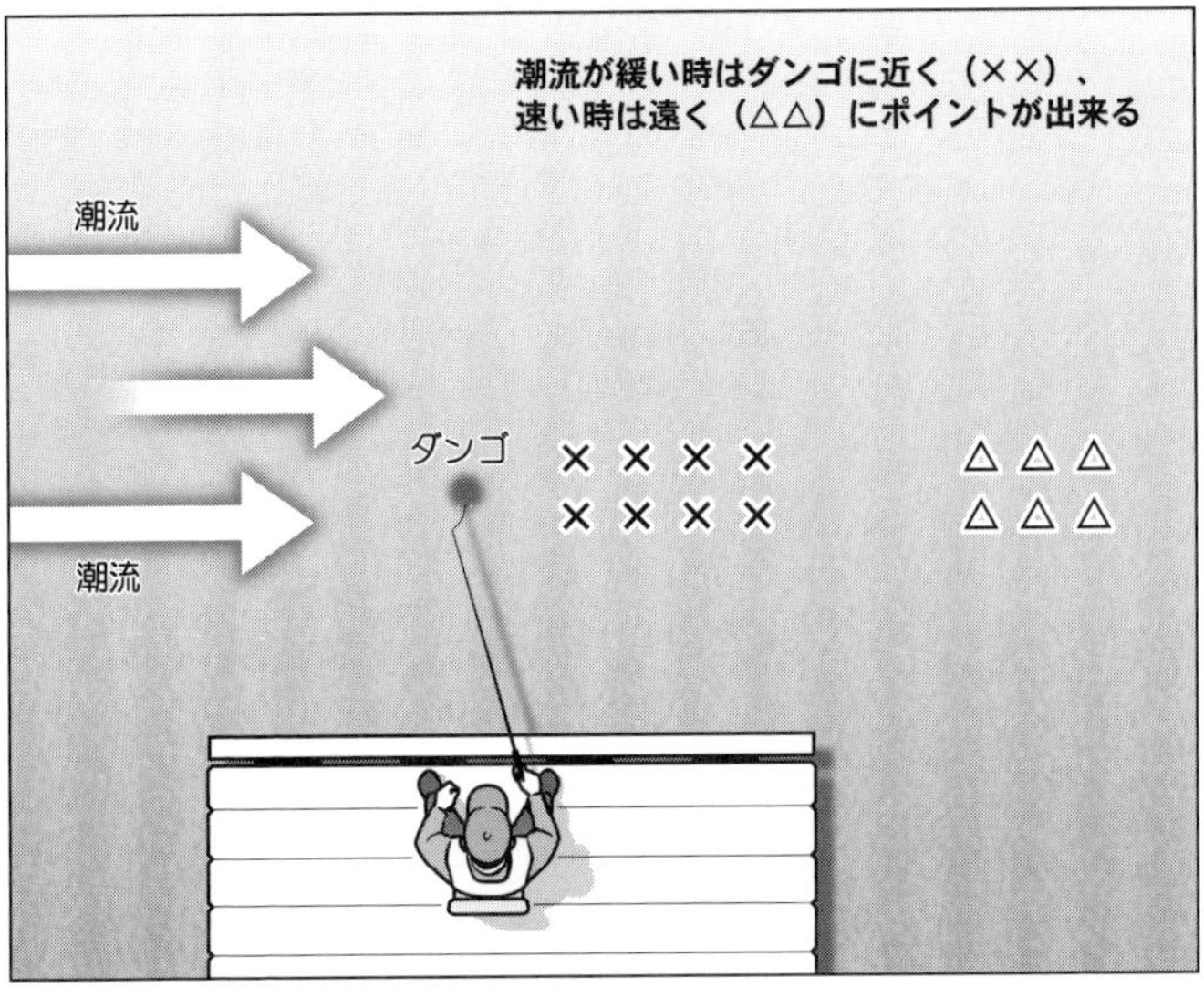
潮流が緩い時はダンゴに近く（××）、
速い時は遠く（△△）にポイントが出来る
潮流
ダンゴ
潮流

トへ付けエサを落としていくことから始めるのがよいでしょう。特に潮が動いている場合は潮流をよく読み、ダンゴの撒きエサが底でどのような方向に流れていっているのかを把握して撒きエサの帯の中に付けエサを落としていきます。そしてダンゴに近い範囲から徐々に遠くのポイントへと細かく探っていくようにします。

このとき水深が深くて2枚潮や3枚潮になっている複雑な潮が流れるポイントでは、ねらいのポイントに付けエサを送り込むことも難しいかと思いますが、オモリを重くしたり投入するポイントを変えるなどで対応してください。

さらにもうひとつ、広角釣法を行なう

場合に付けエサと同じエサを上撒きして、同調させながら落としていく方法があります。これはエサ取りが非常に活発なときなどにアケミ貝やイガイを上撒きして、ダンゴで作る底のポイント以外に中層から底までにポイントを作っておくというものです。チヌを含めて魚は全体的に上から落ちて来るものに興味を示すので、コンスタントに上撒きをしながらそれに反応してくるチヌを掛けていこうという考え方です。

このときに作るポイントは、ダンゴのポイントとははっきりと区別をするためにダンゴを打っているサオ下ではなく、かつ釣り座から移動しなくても釣れる範囲にします。上撒きのエサがあまり遠すぎると、せっかくそこにチヌを寄せてもいざねらうときに付けエサを送り届けられなくなってしまいます。そして、そのポイントをねらうときは必ず付けエサと一緒に撒きエサを上撒きして、付けエサと同調させることが重要です。

また、釣れたときに釣ることだけに必死になって上撒きを怠ると、チヌが上から落ちて来るエサは危険だと学習して全く反応しなくなってしまいます。だから必ず上撒きを続けながら次の1尾につなげていく必要があるのです。広角釣法で釣れ続かず、ダンゴ釣りならコンスタントに釣れるというのは、こういった撒きエサの仕方が大きく影響しているからです。

また、いくら撒きエサをコンスタントに打ってチヌがそれを捕食していても、付けエサが見当違いのポイントに落下しているとチヌは釣れません。撒きエサを打つポイントと撒きエサが落ち着くポイントをしっかりと把握し、そこに付けエサを撒きエサに同調させながら送り込んでやることが重要です。

文章にして読んでみると非常に難しい感じを受けられるかもしれませんが、まずは水深が浅くて潮の緩い釣り場で練習しながらマスターしていってください。

最後に、ダンゴによる撒きエサのポイントと上撒きによる撒きエサのポイントでは、撒きエサの利いている範囲やアタリの出るタイミングが違うことが多くあります。これについては各項目で少しずつ述べていますが、ダンゴによる撒きエサは基本的には底が中心となり、上撒きによるポイントは底から中層となるので、特に上撒きのポイントをねらう場合は中層からのアタリを意識しておく必要があるということです。

要するに「どういう撒きエサの打ち方をしていて、その撒きエサをどのようにチヌが捕食しているので、こう攻める」といった図式が成り立ってこその広角釣法です。偶然チヌが釣れて（釣って）いるわけではなく、しっかり理論的にねらって釣るということです。

釣り方の壁……広角釣法編②
落とし方について

前項で広角釣法の基本となる落とし込むポイントについてはご理解いただけましたか。もしも今まで考えたことがなければ、これを理解しただけでも釣果は確実にアップすると思われます。

といっても前項は広角釣法の基本中の基本。すでに実践されている方も多いはずです。この項ではさらなるステップアップを目差すための付けエサの落とし方（ポイントへの送り込み方）について述べてみましょう。

私がよく見掛ける広角釣法での落とし方は、まずは付けエサを投入してから水深分のラインを振り出してサオを少し高めに構え、オモリや付けエサのテンションが穂先に乗ってきたらそこからは穂先に重みを感じながら落としていく、といったものです。これは一般的で別に悪いわけではありません。カカリ釣りの場合は堤防での落とし込み釣りのように上層でチヌが釣れることは基本的に少ないので、着底前からのアタリに集中してやればよいわけです。

ただ、この落とし方では付けエサは穂先にテンションが掛かった時点から若干ながら自然に落ちるエサに比べて違和感のある動きになります。もちろん付けエサにはハリも刺っていればラインも付いているので、何も付いていない物に比べればその時点で違和感があるのは当然ですが、この場合それにプラスアルファの違和感ということになります。この若干の違和感の積み重なりで、食いが渋いチヌや警戒心の強いチヌは撒きエサだけを拾って付けエサを食ってくれないことがあるのです。

海の中は釣り人からは見えません。付けエサが残ってくるようなときはチヌがいないのではないかと考えて広角釣法を見切る前に、付けエサの落とし方を変えてみましょう。具体的には何パターンか落とし方があって、着底前から穂先にテンションを掛けずにオモリや付けエサを着底させてやるパターンや、テンションの掛け方を緩めてラインをはらませて若干のテンションを掛けながら落とし込んでいくパターン等があります。

比較的簡単にできるのは穂先にテンションを掛けずに落とし込んでいくパターン。水深をラインにマーキングしておけば簡単なのでぜひ試してください。不思議なことにこれだけで全く反応しなかった魚が反応してくることがよくあります。

他の方法では、これは少し難しいかもしれませんが覚えておいてほしいのが「付けエサのポイントへ入る角度によって食いに変化が出ることがよくある」ことです。どういうことかというと、前方数ｍの所に付けエサを送り込むとき、サオを前方に出して落とし込むのと後方に引いて落とし込む場合とではそれぞれラインに角度が付きます。要するに付けエサがポイントに入っていくときの角度が変わるということです。前方にサオをだしているときは底に対して直角に近い状態で付けエサは落下し、後方に引いているときは斜めに落下していく。この角度が変わることでチヌの反応が意外と変わるのです。

また、サオを前方に出して送り込むと手前側から先のポイントに付けエサが送り込まれます。逆に遠くのポイントに付けエサを投入して、ねらいのポイントに付けエサが入って行く程度のラインを出しておき、穂先にテンションを掛けてそれ以上ラインを出さずに止めておくと、ポイントの奥側から付けエサが入っていくことになります。

同じポイントに付けエサを送り込んでやるにしても、ひとつのパターンで送り込んでやるのではなく、さまざまな方法を試してもらいたいと思います。

釣り方の壁……広角釣法編③
オモリの重さは変えていますか

広角釣法で釣果を上げるためには落とし方以外にも重要な要素があります。そのひとつがオモリをいかに使いこなすかです。

ねらいのポイントにエサをしっかりと送り込みたい、あるいは底をはっきりと認識するためには重めのオモリを使用すれば簡単です。しかし、オモリを重くすればそれだけ落下速度は速くなります。撒きエサとの同調や、撒きエサに近い動きをさせたいと考えた場合、オモリを重くすればするほど駄目な方向に進んでいくことになります。

このことは誰もが分かっているので、着底を確認でき落下速度も抑えられる5B～1号くらいまでのオモリを多用されているのではないでしょうか。これらはカカリ釣りのフィールドでは確かに使いやすいので使用することは全く問題ありません。しかし、それはチヌが食ってくれれば……です。

食ってこない場合はどうすればよいか。まずは前項のとおり落とし方を変えます。それでも食わなければ、次は撒きエサに近い状態でねらいのポイントへ送り込んでいきます。

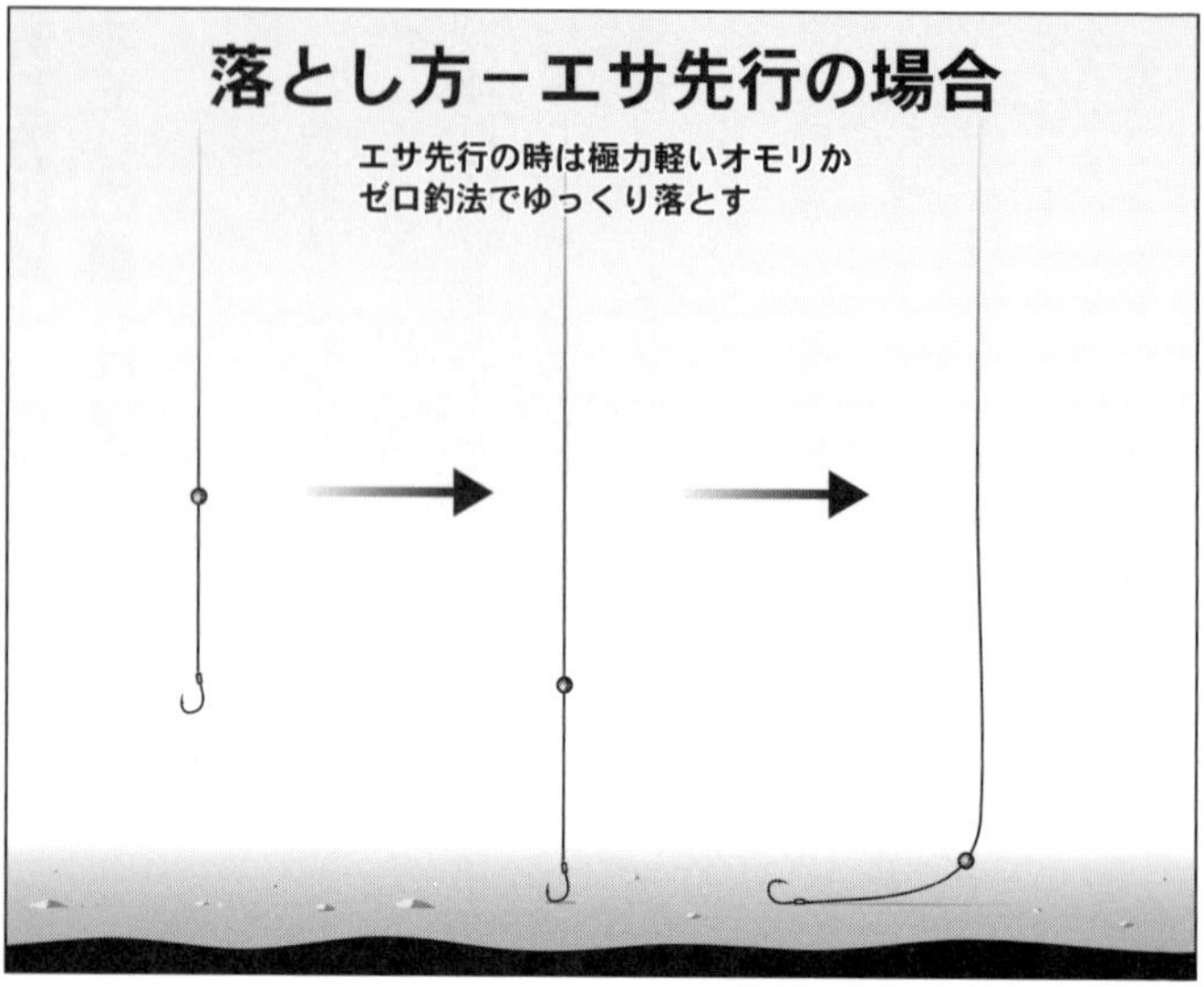
落とし方－エサ先行の場合
エサ先行の時は極力軽いオモリか
ゼロ釣法でゆっくり落とす

つまりオモリをどんどん軽くしていくということです。オモリを軽くすると付けエサの沈下速度が遅くなり、より長時間にわたって付けエサをチヌにアピールすることができる、潮に馴染みやすい、チヌが食ったときにオモリの違和感が少ないなど、さまざまなメリットが発生します。ただ逆に、オモリを軽くするほど釣り人側は何かと操作がしづらくなり、アタリも分かりにくく、1投に掛かる時間が長くなるなどのデメリットもあります。

これらのメリットとデメリット、あなたはどう考えますか。私が思うに、チヌを釣りに行っているのだから釣り人側の「釣りやすさ」ではなく、チヌがエサを捕食しやすい状況を演出することが何より大事であるし、慣れれば軽いオモリやオモリなしの状態でも操作はできるし、アタリも明確に見えるようになります。あえていうなら1投に時間が掛かることくらいしか実際のデメリットは発生しません。

そのオモリでチヌが食って来ない、数投して反応する可能性が低いのなら、反応の出やすい（反応の出る可能性が高くなる）方向にシフトしてやるほうが1尾を掛ける可能性は高くなります。釣りにくいからといって何も行動しなければ大概の場合はよい結果を得られるはずもありません。新しい経験も積めず、上達の道を自ら断念してしまうことになるのでぜひ果敢にチャレンジしてほしいと思います。

軽い仕掛けでの広角釣法は、潮が速かったり複雑だったりすると難易度が格段にアップしてしまいます。練習されるときには釣りやすい釣り場で慣れていくのがよいでしょう。

釣り方の壁……広角釣法編④
オモリからハリまでの距離は変えていますか

最後にもうひとつ、広角釣法で釣果をアップさせるために覚えておいてほしいことがあります。オモリからハリまでの距離を変えることです。これが作業自体は至極簡単でありながら、意外にされていない方が多いように思います。

一般的にオモリからハリまでの距離は20～30cmに取ることが多く、広角釣法のスタート時はその距離で特に問題はありません。

次に、何投か試してみて反応がない場合、あるいは逆にエサ取りが反応してくる場合の対処法として皆さんはどのような対策を取られていますか。反応がない場合はオモリを軽くしていき、エサ取りが反応する場合はオモリを重くしたり、広角釣法をあきらめてダンゴ釣りに切り替えるといった対処をされているのではないでしょうか。

この対処法は決して間違いではなく正解です。ただ、その前もしくは後でもよいのですが一度試してもらいたいのがオモリとハリの間隔を変えてみることです。10～20cmの範囲で短くしたり長くしたりしてみてください。非常に簡単で、しかもそれだけで今まで反応

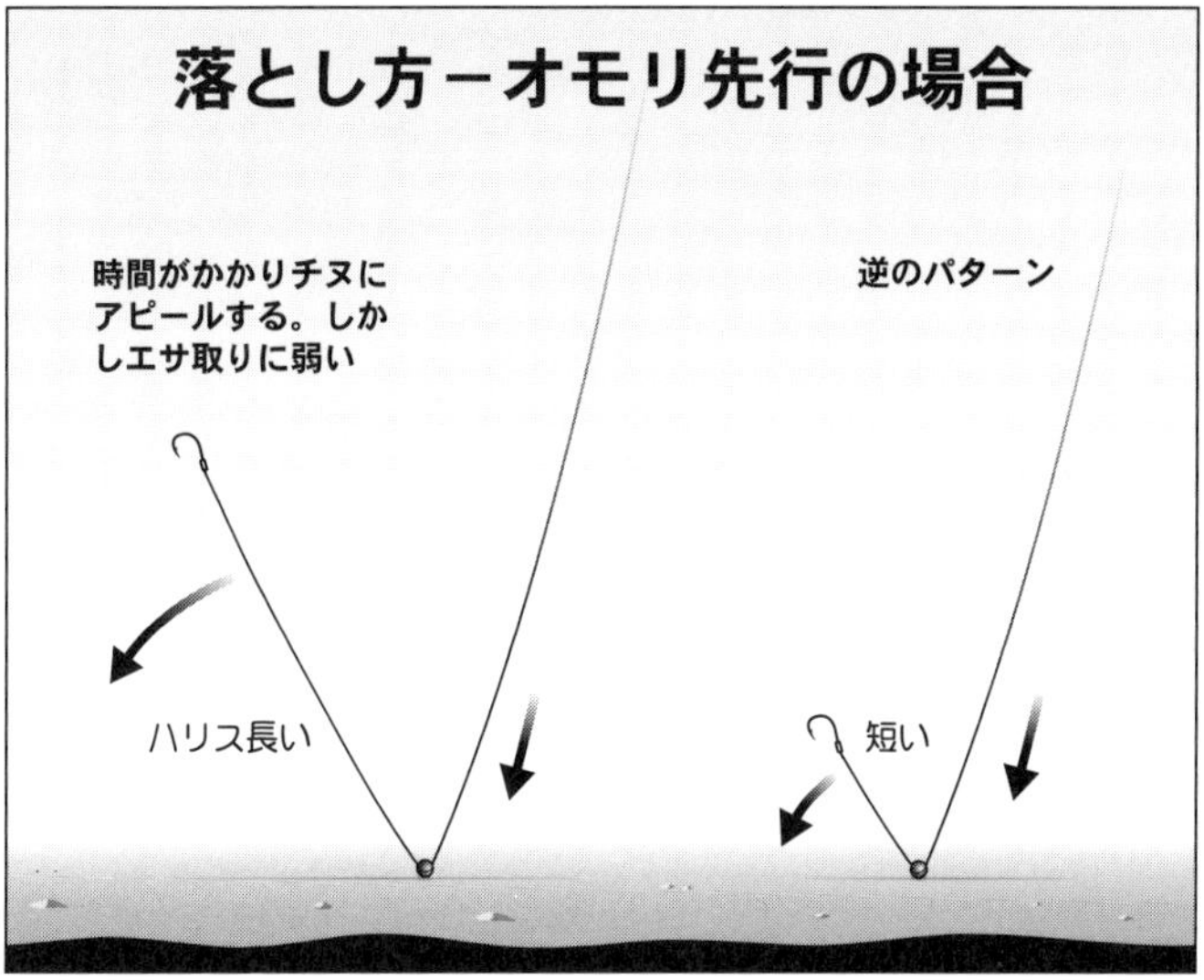
落とし方－オモリ先行の場合
時間がかかりチヌにアピールする。しかしエサ取りに弱い
逆のパターン
ハリス長い
短い

しなかったチヌが反応したり、エサ取りをかわせたりすることがあります。

　オモリとハリの距離を短くするのはエサ取りが多いときに、長くするのは魚が反応しないときにそれぞれ有効です。私の場合、短くするよりは長くすることで結構釣果を上げています。比較的重めのオモリで一気にオモリを底まで落としていき、その後はオモリからハリまでの長さ分の距離を、付けエサがオモリなしの状態でフワフワと沈んでいくイメージです。こうすることでオモリからハリの長さ分だけはオモリなしの状態でねらいのポイントに付けエサを送り込むことが可能になり、潮を読み送り込むのが難しいオモリなしの広角釣法に近い効果を得られるのです。

また、オモリとハリの距離が長いと遊びの部分が多くなり、チヌが違和感を覚えず食ってくるのでハリ掛りさせやすいというメリットもあります。私は極端な場合にはハリとオモリの距離を1・5mくらいまでとることもあります。

ひとつ注意してほしいのは、オモリの位置が上に来ると魚を取り込むときにオモリを穂先に巻き込んで穂先を折ってしまうことがあります。魚が浮いてきた時点でオモリの位置を把握するようにしましょう。

釣り方の壁……ダンゴ釣り編①
ダンゴから付けエサは毎回抜いていますか

ダンゴ釣りは冒頭にも書いたようにカカリ釣りでは最も基本となる釣りです。付けエサをダンゴに包み、底まで落として付けエサが抜けてアタリを待つといったオーソドックスなスタイルと、それ以外ではダンゴを着底前に割って付けエサを濁りの中にフワフワと漂わせながら落とし込んでいく方法が多いと思います。

基本的にはこの2パターンで問題ないですが、ダンゴ釣りにはさらに多くの方法があり、魚を意図的に反応させたりすることが可能です。

後で詳しく述べますが、ダンゴの中にアンコ等を全く入れず、付けエサだけを包んで落としたときでも魚の活性が変化する場合があります。

以前からダンゴの中に入っているもので魚の反応が変わることは分かっていましたが、いかんせん見えない海中の話なので私も今ひとつ確信が持てませんでした。それがビデオの撮影時に水中カメラで映像を目の当たりにしたとき、非常に驚いたとともに自身の考えが確信に変わりました。

ハリに刺す付けエサだけでも魚の反応に変化が表われるのだから、アンコの種類やダンゴに混ぜる配合物によっても魚に変化が出て当然です。

ここではダンゴ釣りの釣技だけではなく、そういった状況変化についても述べていきたいと思います。

●ダンゴから付けエサは毎回抜いていますか

ダンゴ釣りでは、当たり前の話ですが付けエサがいつまでも抜けずダンゴの中にあると魚は釣れません（一部、大型のマダイなどはダンゴごと食っていくこともある。また応用技術としてのダンゴを割らないハードダンゴ釣法については後述）。抜けてからが本格的な釣りのスタートです。

エサ取りも少なくダンゴに反応する魚がいない場合は抜いていっても問題ないですが、エサ取りが多い場合などは付けエサをダンゴ着底後すぐに抜いてしまうとエサ取りに一発でやられてしまいます。逆に、エサ取りに強いエサを付けエサにすると、魚が何も反応しないという状況はよくあることです。

こういった状況ではエサ取りを釣りながらその中にタイミングよく入って来るチヌを待つか、反応しないエサで粘り強く釣るしかありません。しかし、このパターンにハマって

どのタイミングで付けエサを抜くかはダンゴ釣りで重要な戦術の一つ

「今日はエサ取りばかりでチヌはほとんどいなかった」という結論に至っている方もいるのではないでしょうか。

このパターンが多い方は、まずダンゴから付けエサを抜くタイミングを少し変えてみてください。エサ出しのタイミングを遅らせることで、エサ取りが沸きすぎている状況やダンゴの濁りにつられて入って来て濁りが消えると遠巻きになるエサ取りをかわせることがあるからです。さらにエサ取りが遠巻きになったタイミングで入れ替わりにチヌが入って来るケースも少なくありません。

ダンゴの重みを少しだけ穂先に感じておくようにすると、ダンゴに魚が反応してきた瞬間に分かります。抜かずに待つ場合はあまりラインを緩めず少しテンションを掛け気味にして待つほうが分かりやすいでしょう。チヌがダンゴに当たって来れば、そのタイミングで付けエサがダンゴから自然に抜けてくれればよいので、次からはそのタイミングで自然に抜けるか、少しの力で抜けるようにダンゴの握り方を調整しましょう。

このようにワンテンポずらすことで今までエサ取りに一発で取られていたエサでもチヌを簡単に仕留めることが可能になります。

それではどの程度まで待てばよいのか？　まずは3分程度を目安にダンゴに対する魚の反応を見てやればよいでしょう。

エサ取りが多い場合を例に挙げて説明しましたが、これは魚が少ないと感じられるときにも有効です。付けエサがダンゴから抜けても反応せず、しばらく待って仕掛けを回収するとエサがそのままというときでも、付けエサをダンゴから抜かずに待っていると魚が少し反応してきて、そのタイミングで付けエサを抜いてやるとチヌが釣れるといったことを私は何度も経験しています。

ダンゴ釣りには付けエサを抜いてから分かる情報と、抜く前にしか分からない情報がります。抜くタイミングを変えたりすることで役に立つ情報を収集しながら魚の反応するパターンを見つけていくことが大変重要です。

釣り方の壁……ダンゴ釣り編②
アンコで海中の情報を読み取る

ダンゴ釣りでは、付けエサ以外にダンゴの中に撒きエサを一緒に包んでサオ下にポイントを作っていきます。このダンゴの中に入れる撒きエサをアンコといいます。

アンコの種類にはオキアミ、シラサエビ、アミエビ、ミンチサナギ、コーン、アケミ貝、練りエサが一般的に使用されています。これらはすべてチヌにとっての好物であり、日頃から釣り人が撒いているエサなのでチヌもよく捕食しているものと考えてよいでしょう。私も釣行するときには同じものを持参しますが、使用するにあたってはいろいろと考えながら魚の反応を見ています。

というのは、これらのエサはチヌだけの好物ではなく、エサ取りにとっても同じことがいえるからです。オキアミやアミエビはカワハギ、フグ、アジなどが好み、ミンチサナギはフグ、カワハギなどが好み、アケミ貝はカワハギ、フグ、ヘダイなどが好む傾向があります。それらのエサ取りの活性と、チヌの活性や当日の食性等を見極めながらアンコの中心に何を使用するのかを考えているのです。

たとえばオキアミをたくさんアンコにするとカワハギの活性が高くなり、ミンチサナギをたくさんアンコにするとフグの活性が上がるがアミエビにはなぜか魚の反応が悪い、などといった感じで釣りながら情報を収集していくようにします。そして得た情報を元にどの種類のエサをアンコの中心にすればよいのかなどを考える。ときにはアンコを入れないほうがよいということまで含めて釣りを組み立てていきます。

このようなことを考えずにすべての撒きエサをどんどん打ち込んでいくと、「何が原因でエサ取りの活性が上がったのか」とか、「何のエサに反応してチヌが釣れたのか」ということが意味不明になってきて次の1尾につなげるのが難しくなります。さらに食い渋ったときにふたたび活性を上げるにはどうしたらよいのかを判断する基準も不明確になってしまうのです

自分でいうのは何ですが、私は他の釣り人が意識せずに行なっている部分にも注意を払いながら釣りを組み立てています。それが釣果の差に表われているのではないかと思います。読者の方も細部まで意識的に釣りを組み立てていくことで、釣れたチヌではなく釣ったチヌを多くできるようになるはずです。

また、魚はダンゴの中に包まれている付けエサが何かを完全に把握していると思って間違いないです。ビデオ撮影時、ダンゴで発生する濁りの周囲にいてダンゴに全く反応しな

かったチヌが、練りエサの魚玉を付けエサにすると突然ダンゴに猛烈にアタックし始めたことがあります。その後、練りエサで連発ということはなかったですが、練りエサが海に入ったことでチヌの捕食スイッチが一気に入ったのは紛れもない事実です。

オキアミとコーンのアンコ例。何を入れるか、あるいはアンコなしでいくのか、さまざまな選択肢から情報を得ていく

チヌ以外にも、ボラなんて全くいないと思っていたのがマムシを付けエサにした途端にダンゴにアタックしてきたことは何度も経験しています。

付けエサだけでも顕著に反応を示す魚がいるなかで、アンコのようにたくさん入れるものであればなおさらのこと、魚の反応が顕著に出て当然です。これだけ明確に出る情報を釣り人側から潰していく手はありません。撒きエサをするときはその内容をしっかりと把握したうえで、結果がどうなったかをチェックしていくことが大事です。

釣り方の壁……ダンゴ釣り編③
ダンゴに当たる魚は本当にエサ取りか

盛期の釣りで、ダンゴに魚がどんどんアタックして来て何が何だか分からない間に付けエサが取られてなくなっている、という経験をされたことはありませんか。

近年は私が提唱してきた、ラインを這わせて紛らわしいアタリを避けつつチヌのしっかりとしたアタリを取っていく釣法が取り入れられ、全体に釣果は上がってきていると思います。これはボラやエサ取りが多いときに大変効果的な釣り方ですが、チヌの食いが早いときには付けエサだけを取られてハリを吐き出されてしまい、回収すると付けエサがないという現象が起こります。

特にボラが多いときにはダンゴの濁りの中に群れで突っ込んでくるので、ラインにボラがこすれたり、ダンゴの成分を吸い込んでしまうので一緒に付けエサを吸い込んで穂先を押さえ込んでいったり、とにかく紛らわしいアタリが多くなります。そこでついラインを緩めて紛らわしいアタリを出さないようにしてしっかりとしたアタリを待っていると、知らない間に付けエサがないというパターンが結構あります。

この現象をどのように考えられますか。

ボラの中にいるカワハギ等のエサ取りに付けエサを取られたと思われますか？

それともボラに付けエサを食われたと思いますか？

このように大変活性の高い状況でボラが底のほうで暴れ回っているときは、カワハギ等のエサ取りが中に入ってきてエサを捕食することは考えにくく（釣り人側が底にいると思っていても実際には底より上でボラが暴れているときは別です）、さらにボラは吸い込んでも固形物は吐いてしまうのでボラに付けエサを取られることも可能性としては少ない。

となると、綺麗にハリから付けエサだけを取っていく魚の正体は何なのか？ということになりますが、経験上チヌが食っていることが多いです。しかも小型のチヌではなく大型にその傾向は強く表われることが多い。ではどのタイミングで食っているでしょうか。

ボラを掛けたくないがために、大きく穂先を押さえ込んでいくようなアタリが出るとラインを緩めていってませんか。まさかと思われるかもしれませんが、意外にそのまさかがチヌのアタリだったりします。よくアタリを見極めると、ボラがこすれたり吸い込んだりしたときと比べて、表現が少し難しいですが重々しいアタリであり、一瞬根掛かりしたときに見られるようなテンションがラインや穂先に表われているはずです。

もちろんそういったアタリを合わせていくとボラを掛けてしまう危険性も出てきますが、何度も付けエサが取られるような場合には、思い切って合わせてみるほうがよい結果に結びつくことが多いでしょう。

私の経験上、魚が大きくなればなるほどアタリは明確に大きく出る傾向があります。「チヌのアタリは小さい」ということもよく聞きますが、私はどう考えてもエサ取りのアタリのほうが小さいように思います。

個体が大きくなればそのぶんアタリも大きく出る傾向が強く、さらに活性が上がっていればなおさらです。状況をしっかりと把握し、アタリもしっかりと見極めて釣果に繋げてください。

釣り方の壁……ダンゴ釣り編④
大ハワセについて

「大ハワセ」は私が提唱している釣法で、ダンゴ着底後、ダンゴからのエサ出しを確認せずラインを大きく出してアタリを待つというものです。ラインの出し幅は潮の流れや水深にもよりますが最低でも5ｍ、多ければ20ｍほどになります。

これは広角釣法にも利用できる釣法ですが、ダンゴ釣りで特にエサ取りが大変多く、しかもエサ取りにやられないエサには魚が全く反応しないので何とか軟らかいエサで対応したいときに効果の高い釣り方です。

水深分以上にラインを出すことから、潮が全く動いていなければ余分なラインはすべて海底に落ち着き、ダンゴが自然に割れても付けエサは底をキープし続けます。そのためエサ取りに発見されにくいのでチヌが捕食するまでの時間を稼げるというわけです。また、潮が利いている場合でもダンゴから抜けた付けエサが舞い上がるのを防ぎ、底付近をキープするので結果的にエサ取りに発見されにくくなります。

大ハワセをする際に注意するのはオモリを付けないことです。ラインを相当に出すので

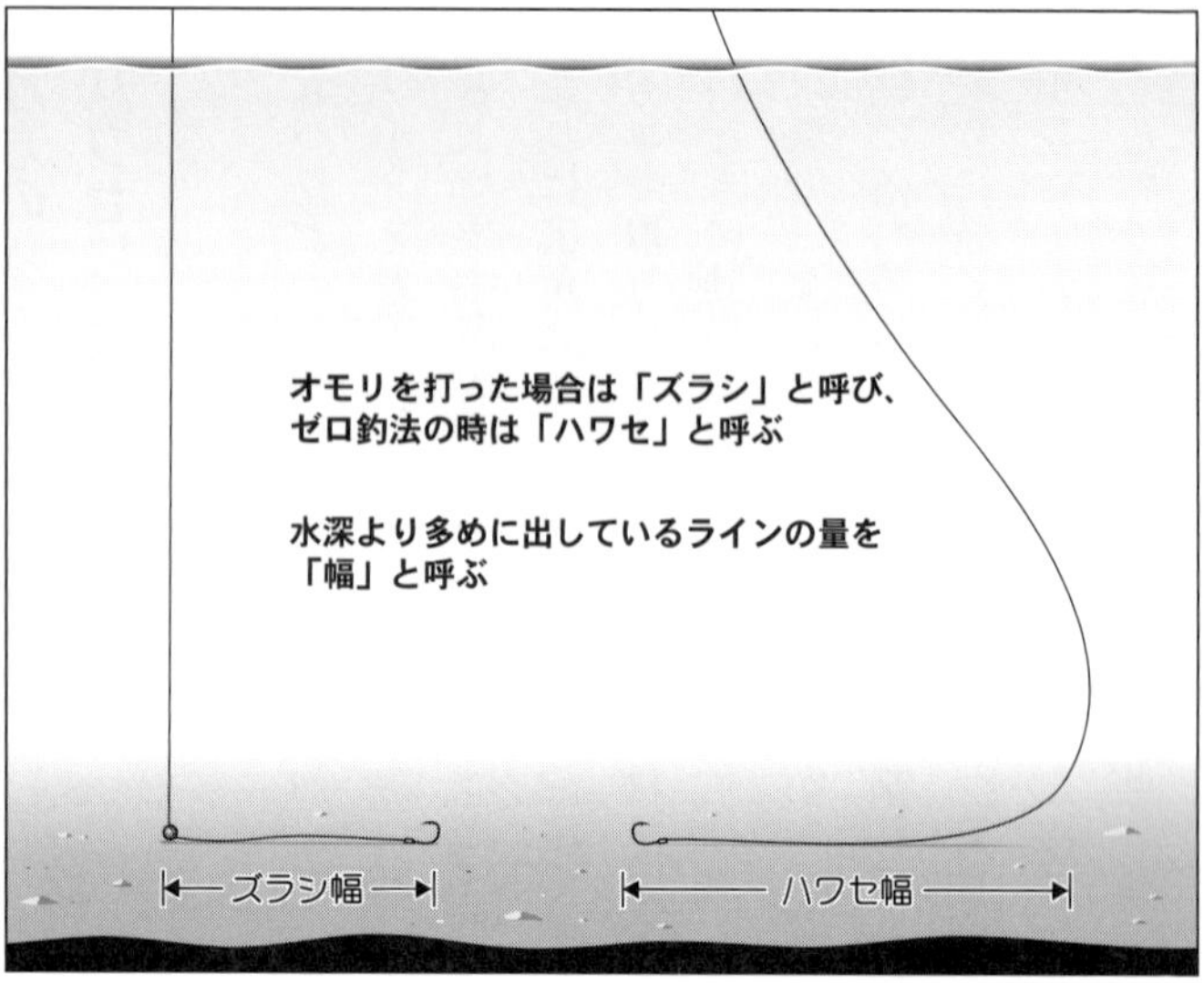
オモリを打った場合は「ズラシ」と呼び、
ゼロ釣法の時は「ハワセ」と呼ぶ
水深より多めに出しているラインの量を
「幅」と呼ぶ
ズラシ幅
ハワセ幅

よほど速い潮流でない限り、すべてではないにしてもラインは海底を這っています。そのラインにオモリが付いていると、海底に存在するさまざまなものにオモリが引っ掛かって根掛かりの確率が各段にアップし釣りが成立しなくなります。運よく根掛りしなかった場合でもオモリが付いていることで付けエサが不自然な動きをしてしまい、チヌの付けエサに対する反応が悪くなるなど、利点が見られません。

このことを注意点として覚えておけばあとは特に難しいことではありません。実際に釣り場で試してこの釣法の威力を実感してもらえればと思います。

大ハワセはラインをたくさん出してア

タリを待つ釣りなので、1投に時間が掛かってしまうのが難点です。しかし普通に釣っていてもどうしようもないときに試してみると、エサ取りの種類が変わったりと何らかの変化が表われることが多くあります。ダンゴ釣りの一バリエーションとしてぜひ実践してみてください。

釣法のバリエーションを数多く持っていれば、それだけさまざまな状況に対応できる。写真は愛媛県御荘での年無し

釣り方の壁……ダンゴ釣り編⑤
ハードダンゴ釣法

ここまで、釣り方や撒きエサの工夫でいかにチヌに近づくかを書き進めてきました。最後はダンゴ自体について解説しましょう。といってもダンゴの配合とかではなく、ダンゴ自体の大きさや握り方、水分量によって魚の反応が変わるということについてです。

私は以前からダンゴの大きさ、握り方、水分量によって魚の反応に変化が表われることに気付いていました。特に大型チヌをねらう場面や食いの渋い状況においては、その効果を実感する場面が多かったです。たとえば普通に握ったダンゴと、あまり力を加えずにダンゴの外側だけを硬くしていくイメージで握ったときとでは魚の反応に変化が出ることがあります。あるいは通常テニスボール大ほどに握るダンゴを、撒きエサで打つときのようなソフトボール大に握る。水分量の少ない両手で握るバサバサのダンゴから、水分量の多い片手で握るダンゴに変えてみる。すると途端に魚の反応に変化が表われたりします。

近年私が行なっているなかで実績が高いのが、バサバサのダンゴをピンポン玉程度の大きさに強く握り込む「ハードダンゴ」です。ハードダンゴは魚の反応が非常に悪いとき、順調に釣れていたチヌの食いが止まったときなどに実績を上げています。そのような状況でハードダンゴを投入すると魚がダンゴに当たり始めることがよくありました。

ハードダンゴ（左）と通常のダンゴの大きさの違い

ハードダンゴを使用する場合の釣り方は、あまりラインを出して這わせるイメージではなく、常にダンゴの重みを軽く穂先に感じる程度にしておき、魚のダンゴに対する反応をチェックします。ダンゴに反応があってもラインを緩めずそのままダンゴに突かせていき、アタリを見極めながら合わせて掛ける感じです。最初は結構アタリの見極めが難しいですが、慣れれば問題なく釣れるので一度試してみてください。

ハードダンゴの付けエサはオキアミか小ボケとし、完全にハリが隠れるようにどちらも丸くハリ全体に刺すことがポイントです。同じ配合のダンゴでも少しの工夫を加えることで魚の反応に変化が表われることを覚えておき、試してもらいたいと思います。

思い込みの壁①誘いに対する思い込み

釣りを続けていると思いがけなくよい釣果が出ることもあれば、悪い釣果になることもあります。そしてよい釣果が出たことはよく覚えているものです。また、ホームグラウンドとして通い詰めている釣り場ではそこに特有の傾向も見えてきたりして、目で見て感じることができない部分を結果から考察し、自身の経験として積み重ねることで次の釣果に繋がっていくわけです。その結果が釣技の上達となって表われます。

参ノ扉ではそんな釣技の上達を妨げる壁「こだわり」「釣り方」についてここまで解説してきました。最後に、釣技を上達させるはずの経験がときには「思い込み」となってよくない方向に作用することがある事例について述べてみましょう。自身の考えや過去の釣行を思い出しながら読み進めてみてください。

誘いはカカリ釣りに限らずさまざまな釣りで必要不可欠な操作のひとつであり、誰もがされていることでしょう。特に、チヌが食い渋ったときなどには誘いをかけて付けエサをアピールしてやることで食い気を誘発したりします。

そこで今一度思い起こしていただきたいのが誘いのスピードや誘い幅です。誘いの基本は、ゆっくりと上下左右に動かしていきます。では、動かすスピードや誘いの幅はどうでしょうか。

大きな誘いでチヌの反応を見る

冬場などのエサ取りも非常に少ない状況では、中層でエサ取りにエサを取られる心配も少ないことから、ゆっくりと大きく誘われる方が多いでしょう。逆に夏場などのエサ取りが多い状況であれば誘いのスピードはともかく、エサ取りが多いことから誘い幅は小さくなっていないでしょうか。

もちろん基本的にはそれで問題ないのですが、ときには逆のパターンも試してみてください。たとえば誘いのスピード。ゆっくり誘って何も反応がなければ早く動かしてみたり、小さくシャクるようにピンピンと動かしてやったり、という感じです。ゆっくり動くエサには全く反応しないのに、素早く動くエサには魚が反射的（リアクション）

に威嚇《いかく》してくる場合があります。

ルアーフィッシングと同様の原理で、近年はルアーでチヌをねらう釣り人がいることからも分かるとおり、そういった動きのエサ（物体）に対してチヌは何らかの興味を示し、口を使います。これはポイントによる違いではなく、チヌのひとつの習性であると考えてよく、その習性を利用した誘いの掛け方もまた有効なのです。

カカリ釣りとルアーフィッシングでは仕掛けも違えばエサも違い、ねらうフィールドも全く違います。しかしターゲットは同じチヌ。普通に釣りをしていて全く反応がなければ何度も繰り返し試すことはなくても、何度か試す価値は充分にあります。

このように素早く動くエサに反応する例はまだあります。私は、それまで何も反応がないのに海底の障害物や海草などに仕掛けが引っ掛かり、少し引っ張るとピッとエサが取れ、その直後にアタリが出てチヌが釣れるといったことをしばしば体験しています。この現象はまさにチヌが反射的に口を使った典型的なパターンです。

もちろんねらってそのような障害物や海草に仕掛けを引っ掛けることはできないので、誘いとして行えばよいわけです。闇雲に「この方法が正しい」と思い込まず、さまざまなことを試してもらえればと思います。

思い込みの壁②エサに対する思い込み

エサに対する思い込みは「こだわり」の項目で書いたことと重複する部分もありますが、「思い込み」と「こだわり」は意味合いが違うので、少しだけ説明します。

「こだわり」は自身が「このエサでチヌを釣りたい」というようなことに対してであって、「思い込み」は「この釣り場では圧倒的にこのエサでの釣果が上がるので、このエサをメインで使用していれば大丈夫」といったような感じのことです。

しかし「こだわり」のところで書いたとおり「チヌがその日、その場所、その時間で食いたいエサはチヌに聞いてみる」のが一番。ただ、過去の傾向や経験上、他のエサをローテーションさせるよりは実績のあるエサをひたすら刺しておくほうがチヌに遭遇する確率が高いだろうと「思い込み」、エサを固定してしまいがちになっていませんか？　たとえば「この釣り場ならこのエサを刺していればボウズはない」というように。

過去の実績や経験は確実に役立つものです。それを信じて、徹底することも悪くはありません。しかし現実に同じ渡船店でも釣り場のポイントなどによっては、その図式が成り立ちにくい場合もあります。

これは渡船店のホームページにある釣果情報などからある程度の推測がつけられます。すなわち、連日のように釣果がホームページに掲載されていて、当たりエサがボケであったりオキアミであったりアケミ貝であったりと、バラバラな場合です。また、毎日同じイカダで釣れてそういう状況なら、チヌの魚影が多くてどんなエサをメインに使用しても時合が来れば釣れると考えてよいでしょうが、釣れるイカダがバラバラの場合はそうはいきません。

イカダで釣りをしていると、同じイカダでも右と左の釣り座で全く状況が異なる場合があります。別のイカダでの釣果となると、これはもう海の状況が違うと想定してまず間違いないです。たとえば同じ日の結果で丸貝で釣れている人とオキアミで釣れている人の情報がそれぞれ載っていたとしましょうか。丸貝で釣果を出された方が乗っているポイントと、オキアミで釣果を出された方が乗っているポイントが別々だった場合、丸貝で釣れたポイントでは全くエサ取りがいない状況下で釣ったとは考えにくく、エサ取りの活性がある程度あり、オキアミ等の軟らかいエサでは持たなかったため丸貝で釣ったと想定できます。一方、オキアミで釣れたポイントではオキアミでも釣れる程度のエサ取りしかいなかったと考えてよいでしょう。

そして自身がオキアミで釣果・実績の出ているポイントでサオをだす場合、エサ取りが一瞬でオキアミを食ってしまうような状況ではない限り、メインの付けエサはオキアミを選ぶでしょう。丸貝は持参していたとしても1日を通してほぼ刺さず、オキアミを中心としたボケなどの柔らかいエサをローテーションに加えて攻めていくのがよいと思っていませんか。

ここに「思い込み」が発生するのです。

ポイントは全然違っても、同じ湾でサオをだしていればねらう魚は同じチヌだからオキアミで釣れているからといってオキアミだけを刺す必要は全くありません。そのポイントには丸貝で簡単に釣れるチヌが残っていると考え、丸貝も必ずローテーションの中に組み込んでいくような姿勢がほしいのです。

丸貝を中心にローテーションをする必要はないですが、「少しエサ取りの活性が上がったな」と感じるときなどに丸貝に切り替えてみると、結果が付いてくるでしょう。

経験や情報を生かしつつ、物事を常に柔軟に考えることで壁はあっさりと乗り越えられます。それこそがどんな釣り場に行ってもコンスタントに釣果の出せる釣り人になるための近道なのです。

四ノ扉

〝自称中級者〟が落ちる
6つの「穴」

1つめの穴「チヌは底で釣る？」

カカリ釣りをメインで釣りをしていると「エサを浮かせるとエサ取りに遭うから底を切らないように底をキープしてアタリを待つ」というイメージの強い方が多いと思います。

しかし、これは本当に正しいのでしょうか？

たとえば堤防からチヌをねらう落とし込みでは底までエサを落として底で釣るのではないし、磯や堤防でのフカセ釣りなどにおいては底で釣る場合もあるが、基本的には撒きエサでチヌを浮かせて中層で釣ります。

なぜカカリ釣りだけが底でチヌを釣ることにこだわるのでしょう。

この理由のひとつにカカリ釣りのメインの釣り方であるダンゴ釣りがあります。ダンゴ釣りではダンゴの中にオキアミ、アミエビ、ミンチサナギ等のチヌが好んで捕食する撒きエサを入れ、底にそれらの撒きエサを溜めたポイントを作ったうえでチヌをねらうので底で釣るイメージがあるのでしょう。しかし、それではカカリ釣りでねらうチヌは落とし込み釣りやフカセ釣りでねらうチヌとは違って、撒きエサだけしっかり打っておけば浮くことはないのでしょうか。……と考えると、ねらうフィールドが違っても同じチヌという魚

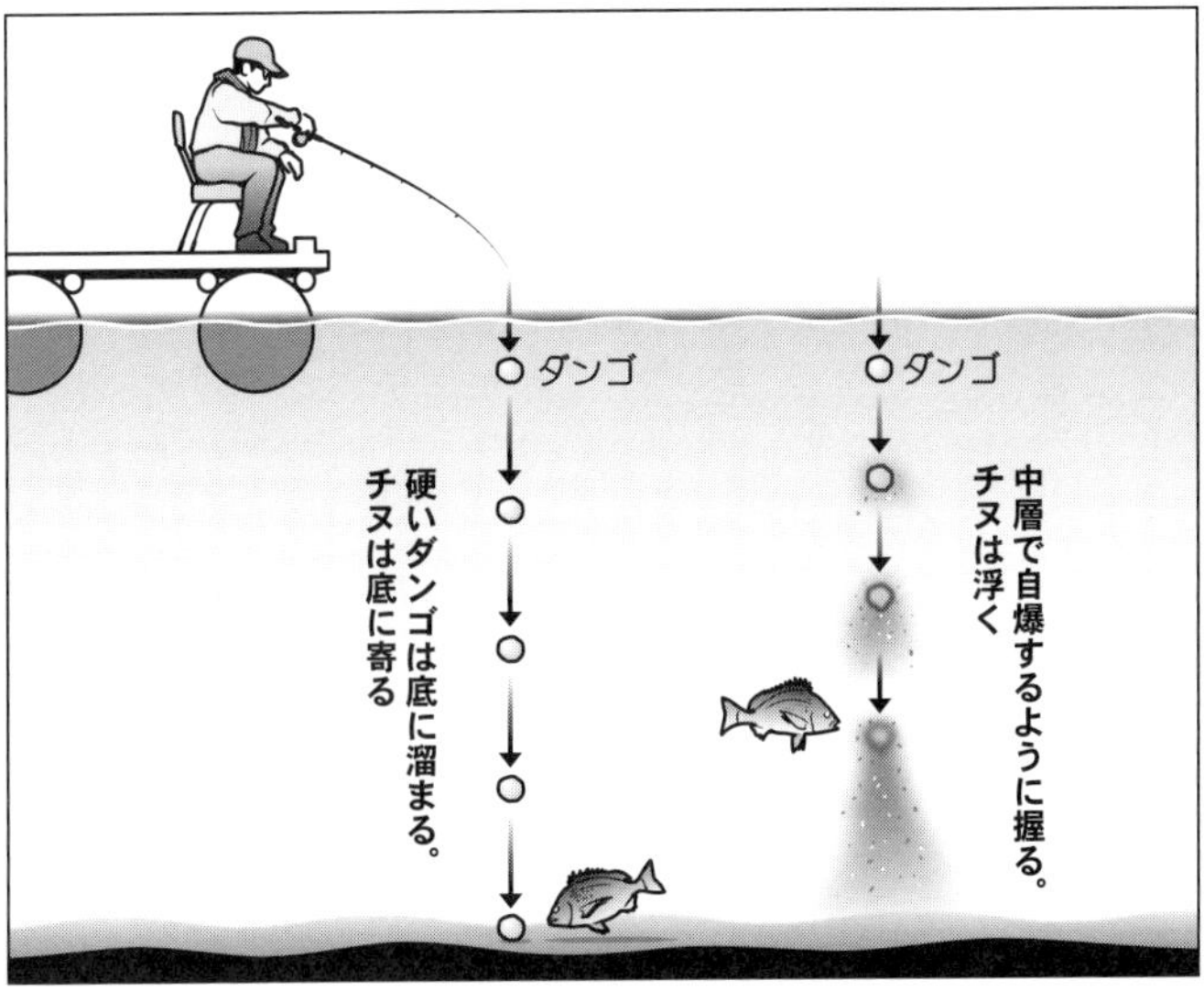
ダンゴ
ダンゴ
中層で自爆するように握る。
チヌは浮く
硬いダンゴは底に溜まる。
チヌは底に寄る

である以上、浮くことはもちろんあるし、どちらかといえば普段は浮いていて食いが立ったときに捕食したいエサが底に溜まっているので底でアタリが出る、と考えるほうが自然でしょう。

　もちろん、フカセ釣りのようにオキアミ等を混ぜた撒きエサを中層でバラケさせながら打っていけば中層でオキアミの付けエサでチヌを釣ることも可能です。また、イガイやアケミ貝をコンスタントに上撒きしながら同調させるようにそれらのエサを落とし込んでいけば、カカリ釣りのフィールドでもその方法でチヌは釣れます。実際、そういった釣り方で釣果を上げられている方もたくさんいらっしゃいます。

要するに底ばかりを意識するのではなく、どのような撒きエサの打ち方をしたかによって、チヌがどの層で反応するかを探っていくほうがよいのです。もっと極端にいえば自分がどの層でチヌを釣りたいかを考えて撒きエサの打ち方を変え、チヌがエサを捕食する層をコントロールすることも可能です。

それでは撒きエサは必ずダンゴの中に入れるアンコだけにして、底に撒きエサを溜めていれば底でしかチヌは釣れないのかといえばそうではありません。ダンゴの中に配合されている押し麦やサナギ粉等は中層からポロポロ崩れ落ちていき、それらの押し麦やサナギ粉もチヌは捕食しているので、その日の食性によっていくら撒きエサを底に溜めても中層でしかチヌが反応しないということも考えられます。

そうなると結局「どの層をねらったらいいの？」となってしまうわけですが、答えは簡単で「すべての層をねらう」です。海の中の状況は海上からでは分かりません。いろいろと試していくことが重要なのです。

ただ、やみくもに捜していくわけではなく、底に撒きエサを利かせて底のポイントでチヌをねらうなら底メインでやりつつ、釣れなかった場合にはこだわりすぎず中層も視野に入れた釣りをしていくことで釣果アップが望めます。

釣りを行なうフィールドによってもチヌが釣れる層は変わってきます。たとえば養殖コ

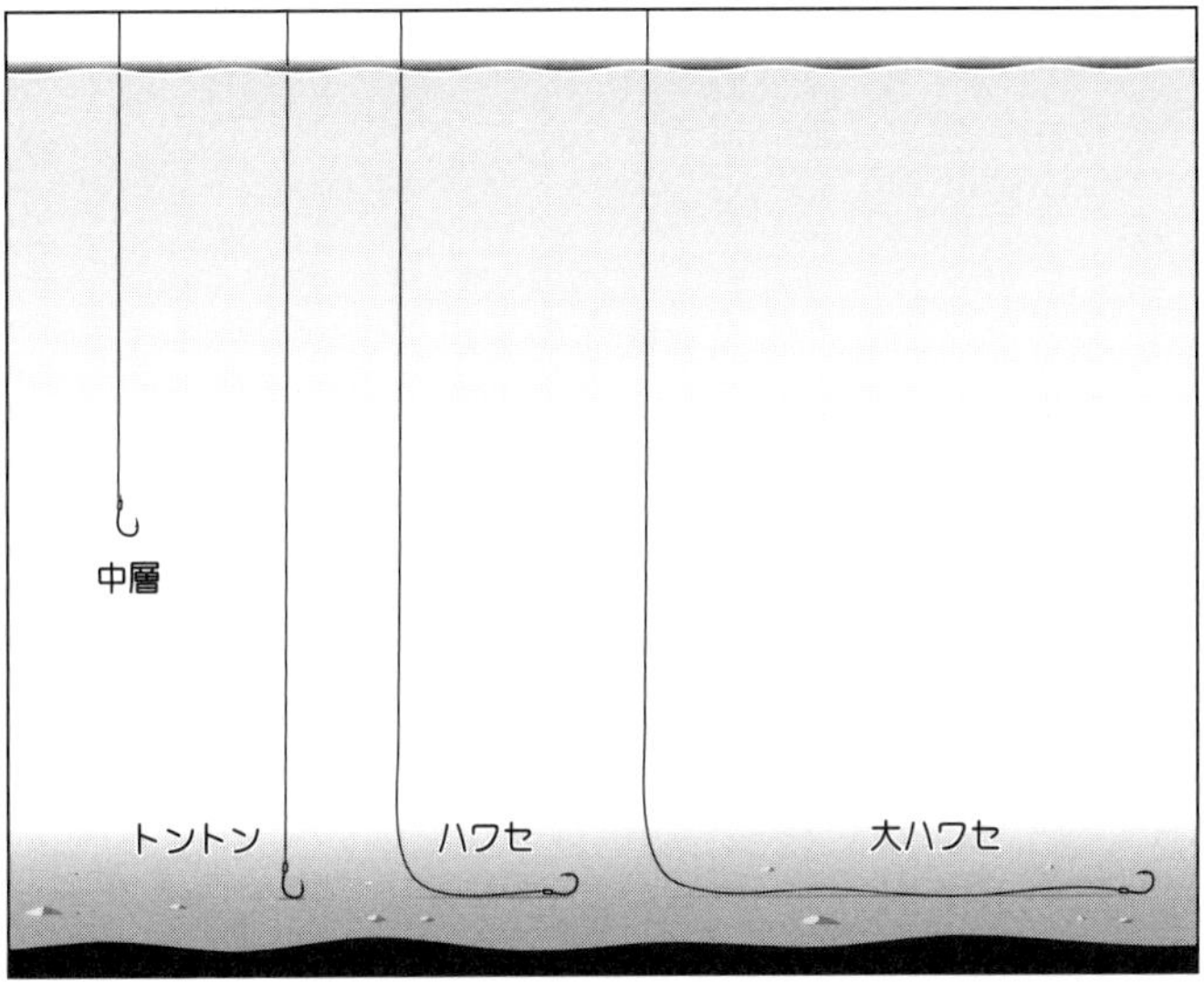

ワリなどでは、チヌはコワリの網に付着している貝類や虫類を通常捕食しているので普段から浮き気味の傾向があり、捕食するのも中層が多くなります。また、30ｍを超えるような深場のポイントにおいても底ベッタリというよりは少し浮き気味の傾向があります。

それらのことを総合的に考え、底を基準にしつつも撒きエサの打ち方、釣り場の特徴などを考慮して底から中層まで丹念に釣っていくことが釣果アップの秘訣のひとつといえるでしょう。

2つめの穴「チヌはエサ取り?」

10、11月、三重県の鳥羽方面でカカリ釣りをすると15㎝から20㎝くらいのチヌで100尾以上の釣果が出ます。この時期、小型のチヌは食欲が旺盛で「食える物は何でも食う」感じで釣れます。

ところがこういった状況で釣りをしていると、ほんの数mしか違わないのにあまりにも釣果に差が出てしまうことがあります。その差はどこにあるのでしょうか。

撒きエサの量が違う? それともポイントが悪いのか? 釣り人なら誰しもなぜ自分がそれほど釣れないのかを考えるはずです。

それは「1つめの穴」で解説したさまざまな層を攻めることもひとつですし、前述したようにポイントが悪いことも考えられれば、撒きエサの量が少なくて隣人のポイントにチヌが完全に付いてしまったとも考えられます。

しかし、この時期は同じイカダやカセに乗っていればある程度のムラはあってもそれ以上にチヌの数は多く、釣果の差ほどの場所ムラはないと考えられます。

それでは何が悪いのか?

そんな状態になったとき、最も重要なのが「付けエサはどうなっているか?」です。付けエサが全く取られず無傷で生還していることは少なく、大概はなくっているか、かじられているといった状態ではないでしょうか。では付けエサは何に取られてしまったのかを考えてみると、もうお分かりのことと思いますが、チヌの可能性が非常に高いです。

ある程度カカリ釣りの経験を積まれた方ならチヌのアタリかエサ取りのアタリかは判断が付くものです。しかし、ことチヌが小型でしかも活性が高い状態では浮き気味の傾向があるため付けエサを捕食後に食い上げ状態になることが多く、穂先に明確なアタリが出にくいことからエサ取りのアタリと大して変わらない場合も多くなります。極端になると、ダンゴから付けエサが抜けてラインが馴染むまでのわずか数秒の間にチヌが捕食してしまっていることも多々あります。それで知らぬ間にエサが取られてしまったり、アワセどころのないアタリばかりなのでチヌであるという認識がなく、エサ取りに取られたと勘違いしてしまうのです。

そのような状況に陥ってしまった場合の対処法としては、ダンゴ釣りであれば付けエサが抜けてからすぐにイトフケを取り、そこからアタリに対して送り込むのか誘うかを判断します。広角釣法の場合は大半が中層でエサを取られてしまっていることが多いので、オモリの重みを穂先に乗せながら落とし込んでいき、反応が出たところがたとえ中層でもそこで止めて反応を見ることで、今までエサ取りだと認識していたアタリがチヌのアタリに変わるでしょう。

ここまでは秋の数釣り期のことを書きましたが、このような現象は他の季節や状況ではない話なのかといえばそうではありません。ボラに混じって大型のチヌがダンゴに突っ込んで来るような場合には、逆にアタリが大きすぎてボラだと認識してしまいチヌのアタリを見逃してしまうことがあります。

このようにチヌの活性が高いときほどエサ取りのアタリと誤認してしまう可能性は高くなります。また、チヌ以外にも魚の活性が高いときほど慎重に釣りを行ない、掛けられる魚はしっかりと掛けてエサを食いに来ている魚の種類を確認してから状況に合わせた対応をしていくということも大切です。そのことによってまた新たな展開が開けるものです。

3つめの穴「ダンゴは何がいい?」

ダンゴはカカリ釣りにおいて非常に重要な役割を果たすものです。そのため各メーカーでも日夜開発が進められ、集魚材、ベースダンゴなどさまざまな種類の製品が店頭に並び、新製品が毎年のように発売されます。

ダンゴの主成分は基本的にヌカ、砂、オカラ等がベースで、それぞれの商品で粒子の粗さや配合率の違いから比重やまとまり具合に差が出ます。そして釣り人は各自が違った配合を行ない、自分の決まった配合を持っていてそれが秘密のエッセンス的なものになっているることが往々にしてあります。そのミステリアスな部分がときとして釣果に作用したようにも感じられることもあるでしょう。実際にはただ単に座ったポイントがよくてチヌが釣れただけかもしれませんが、やはり他の釣り人と差が発生したとき、ダンゴの配合に違いを感じてしまうこともあるでしょう。事実、ダンゴの配合で差は発生します。ただし毎回同じように差が生じるかといえばそんなことはなく、完全に万能な配合というものは存在しません。

一方で、私が出場するマンツーマンの競技大会では1時間で対戦相手の選手と場所交代をして釣果を競いますが、明らかに自分のダンゴにチヌが付いて来ていると感じることもあります。そう考えるとダンゴの配合による集魚効果は間違いなくあるが、完璧なものではないということになります。

ということは、理屈上ではその時々の状況に応じたダンゴを使い分けるのが理想のようにも見えますが、実際は結局何がよいのか分からなくなり、毎回ダンゴの配合を変えていたりするようなことになっていませんか。

もちろん、カカリ釣り用に市販されているさまざまなダンゴを試しながら、自分に合った、自分で信じられる、他の釣り人よりも差の出るダンゴ配合を見つけていくことも楽しみ方のひとつだと思います。なので否定するわけではありませんが、釣果を求めるという観点から考えればあまりお勧めできる話ではありません。

それぞれのダンゴには特徴があり、それがなければすべて同じものとなってしまいます。しかしその特徴を理解したうえで使いこなすには、一度使用した程度では自分の思ったようにダンゴを操ることは難しい。ダンゴを操れないと、せっかくチヌがダンゴに反応しているのに付けエサをダンゴから抜きたいときに抜けなかったり、今度は軟らかめに握ると中層で魚に割られてしまいダンゴを着底させることができない、といったようなことが発生しないとも限りません。こうなると集魚力云々以前の問題であり、これではチヌ釣りが

ダンゴ用配合材等各種

成立していないといってもいいすぎではないでしょう。

釣果を伸ばすという観点から見れば、できるだけダンゴの配合は一定の物を使用するようにして、状況に合わせて多少配合を変化させる程度にすることが望ましいでしょう。

私の場合、釣行するフィールドは全国各地に及び、水深も40mを超える深場から5m程度の浅場まで、潮流も川のように流れる釣り場から全く動かない釣り場までさまざまな条件の釣り場でサオをだします。

それだけ違う条件であっても極力ダンゴ配合は変更せず、粘りの出る配合材の量を多少変える程度で使用するようにしてダンゴを自分の手足のようにコントロールできることに重点をおいています。

4つめの穴「撒きエサは撒けば撒くほどよい?」

カカリ釣りに限らず、釣りにおいて撒きエサは非常に重要な要素です。撒きエサを撒くことによって魚の活性が変わったり、魚の種類が変わったりと何らかの変化が発生することが多々あります。

一般的には「撒きエサで魚の活性は上がる」と認識されていることが多く、魚の活性が低いときには撒きエサをどんどん入れて活性を上げていくことが考えられます。しかし本当に撒きエサは入れれば入れるほど魚の活性は上がるのでしょうか。実は、撒きすぎると逆に魚の活性が低下する場合もあります。特に魚の少ない冬場から春先の低水温期は、活性が低いからといって撒きエサをどんどん打ち込むと、一瞬魚の活性が上がったあとで一気に活性が下がり全く魚が反応しなくなる場合があります。

これはもともと食い気のある魚が少ない状況のところに撒きエサを打ち込むことで魚が撒きエサだけを拾ってしまい、肝心の付けエサを食ってくれなくなってしまうからです。

逆に食い気のある魚が多い夏季から秋季にかけては撒きエサを撒けば魚の活性は上がりますが、エサ取りだらけになってチヌを釣るのが難しくなる場合があります。もちろんチヌの活性も上がるのでエサ取りさえかわすことができれば問題ないのですが、普通に釣っていれば簡単に釣れるチヌをわざわざ難しい釣りにしてしまう恐れがあります。

このように撒きエサは撒けば撒くほどよいわけではなく、状況を見ながら撒いていくことが重要です。

さらに深く追求していくと、撒きエサの種類によって活性の上がりやすい魚がいることが分かります。たとえばミンチサナギをアンコや混ぜにしたダンゴで打ち返しを続けていると、フグの活性がどんどん上がる場合が多い（もちろん釣り場にもよります）といったように、特定のエサに敏感に反応する魚がいるのです。

それではミンチサナギにフグが反応する傾向が強いなら、チヌの活性がどんどん上がる撒きエサは何なのか？となりますが、チヌは雑食性の強い魚なのでアミエビ、オキアミ、ミンチサナギ、アケミ貝、シラサエビ……とさまざまなエサに反応し、特定するのが非常に難しいのです。ただ、チヌもフグも同じ海に生息する魚なのでその日の状況を見ながらいち早く最適な撒きエサを見つけることが釣果アップに繋がるでしょう。

また、チヌはダンゴの中に何が入っているのかを匂いで認識しています。

2011年、つり人社から発売されたDVD『黒鯛 UNDER WATERⅡ 兼松伸行ハードダンゴ MOVIE』撮影時のことです。水中映像で確認したところ、周囲にはたくさんのチヌがいるのに全くダンゴに反応しなかったのが、練りエサを刺してダンゴを入れると、今まで何度打ち返しても反応しなかったチヌが一気にダンゴへ突っ込んで来ました。この事実からも分かるように、チヌはダンゴの中に自分の興味を引くエサが入っていると、付けエサ程度の量でも敏感に反応します。

釣り始めてしばらくしてダンゴの撒きエサが利き始めてきたら、状況を見ながら撒きエサをいろいろと調整してチヌの反応を探っていきましょう。

『黒鯛 UNDER WATER II 兼松伸行ハードダンゴ MOVIE』（つり人社）。前代未聞＆驚愕のチヌカカリ釣り海中ドキュメント映像 DVD

5つめの穴「同じ付けエサでも差が出るのはなぜ？ ①刺し方を変える」

チヌ釣りで使用されるエサはさまざまです。特にカカリ釣りでは他の釣りに比較して多種多様なエサを持参する傾向があります。オキアミ、シラサエビ、ボケ、アケミ貝などの一般的によく使用されるエサはもちろん、虫類、サナギ、コーン、カニ類、イガイ等々、とにかくいろいろなエサがエサ屋さんで販売されています。

それらのエサでもちろんチヌは釣れますし、チヌは変化に弱い魚なので付けエサのローテーションで簡単に釣れることもよくあります。たとえばオキアミで釣っているとエサ取りにやられてしまうのでコーンに変えたら一発で食ってきたとか、そんな経験は誰もがされているでしょう。

しかし、付けエサのローテーションで簡単に釣れる場合はよいですが、食いの渋いときなどは付けエサへのハリの刺し方を変えてやることも重要です。今お話ししたオキアミでエサ取りにやられてしまう場合でも、刺し方を変えるとなぜかエサ取りが反応しなくなりチヌが釣れるケースがあります。隣はオキアミでコンスタントに釣れているのに、自分のポイントでは同じオキアミなのにエサ取りの餌食になってしまう。そんな場合には刺し方

アオイソメの1匹掛け

アオイソメの2匹掛け

付けエサの刺し方バリエーション例

に工夫をしてみるのも一手でしょう。また、潮の流れる釣り場等ではオキアミの尻尾を切ってハリに刺し、エサが極力回転しないようにするなどの方法も刺し方のバリエーションのひとつと考えてよいでしょう。

エサのローテーションで簡単に釣れてしまうことのインパクトが強いせいか、ローテーションに頼ってしまい、エサの刺し方による工夫を怠っているケースが多くあります。

こういった事例はシラサエビをメインとして使用する秋の数釣り期にもあって、シラサエビ

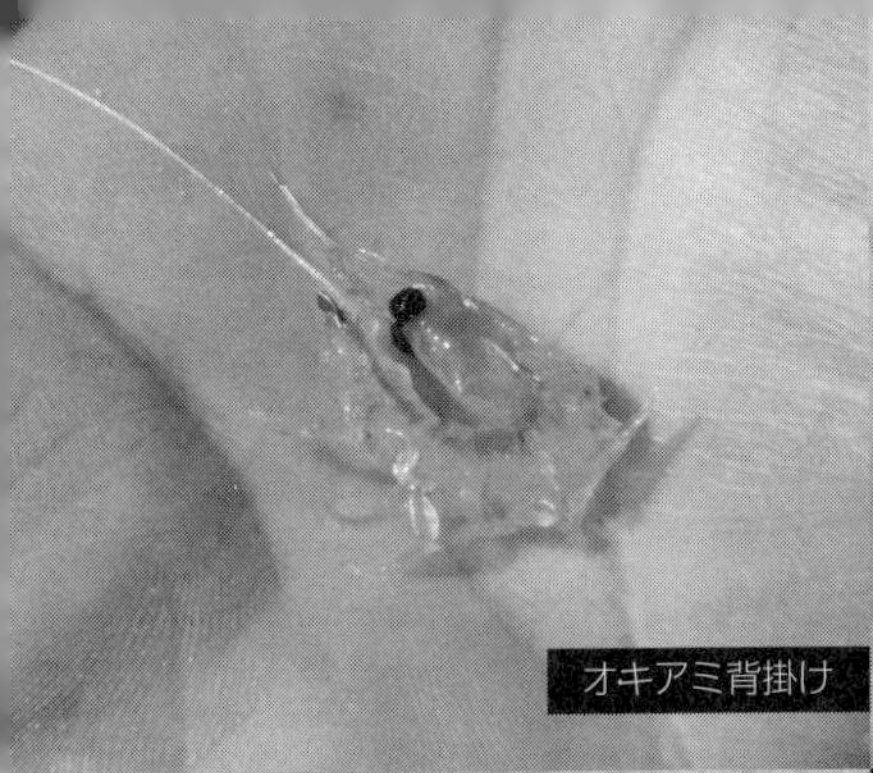
オキアミ背掛け

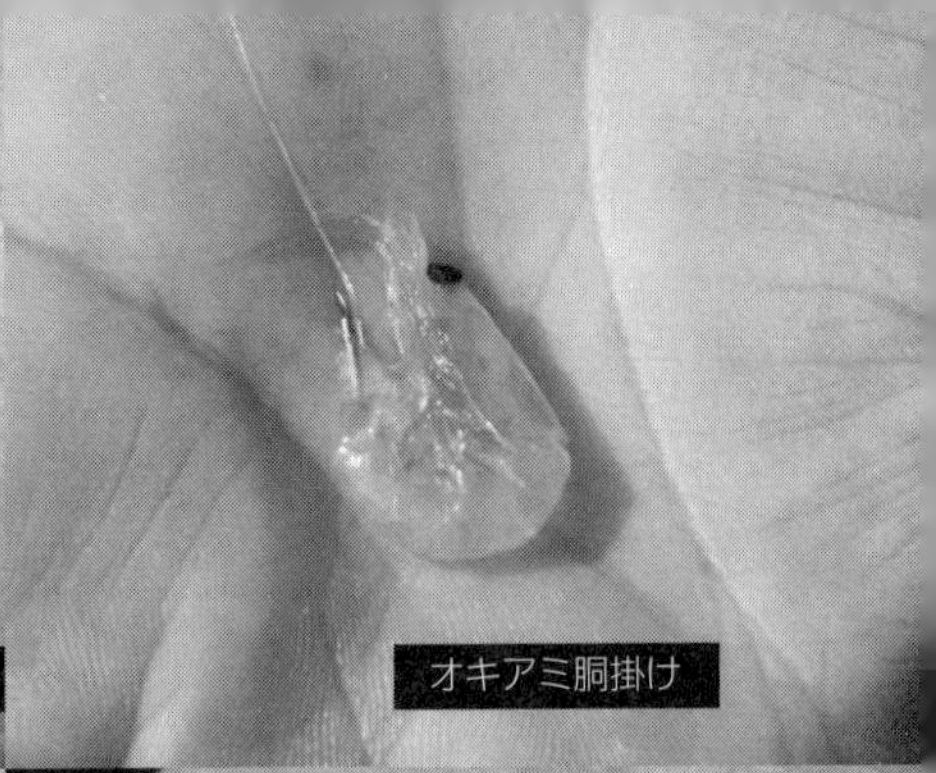
オキアミ胴掛け

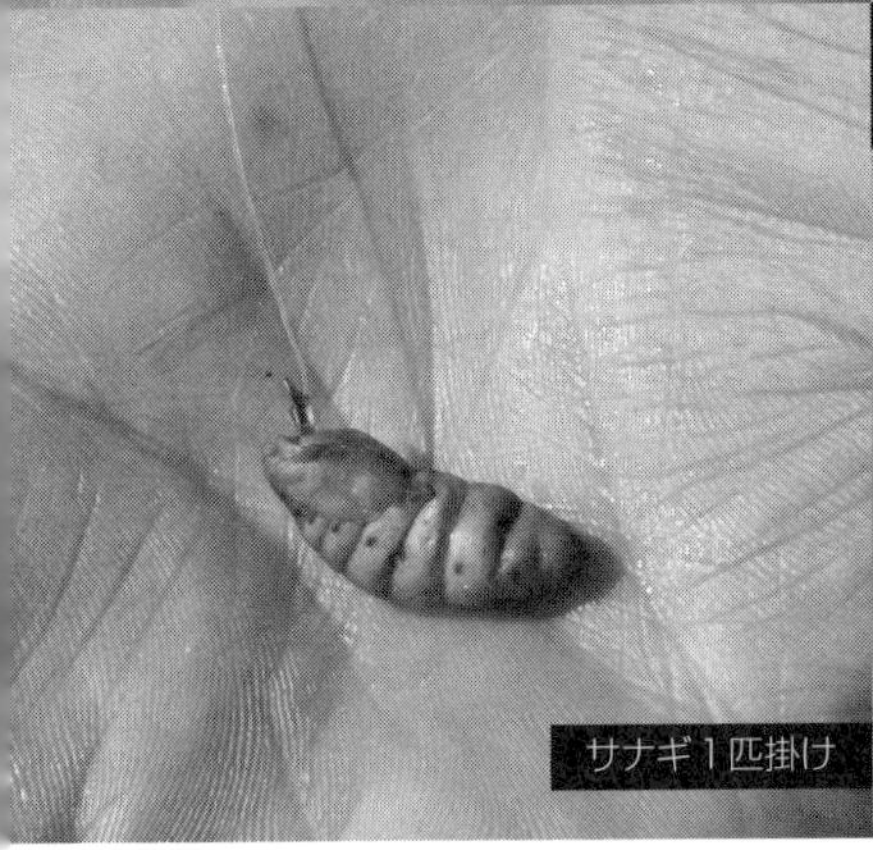
サナギ１匹掛け

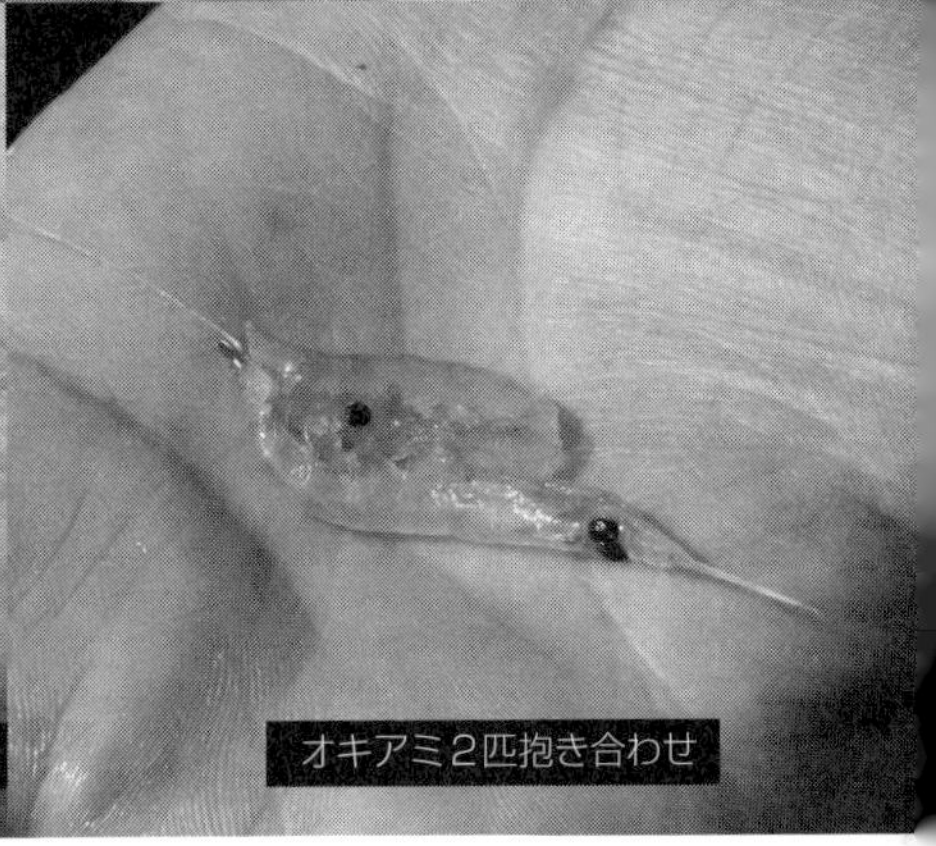
オキアミ２匹抱き合わせ

の頭を付けたまま釣りをしている釣り人と頭を切って刺している釣り人とでは、釣果に大きな差が生じる場合があります。

通常、シラサエビは尻尾側からハリを刺してエビが真っ直ぐになってピンピン動く状態にするのが通常の刺し方です。これを頭を取ってハリに丸く刺してやります。通常の刺し方で「シラサエビの頭だけを取られてしまう」「ジビジビしたアタリだけでエサがなくなってしまう」といった現象で釣果が伸びないときは、頭を取ってこのように刺すとアタリもはっきりと出て

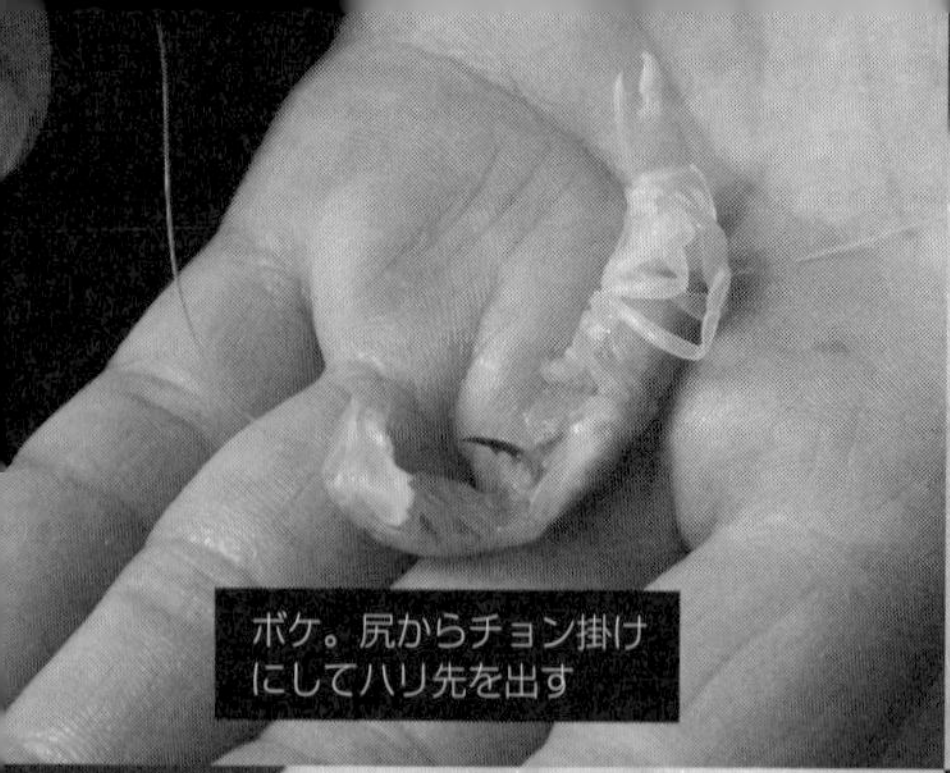

ボケ。尻からチョン掛けにしてハリ先を出す

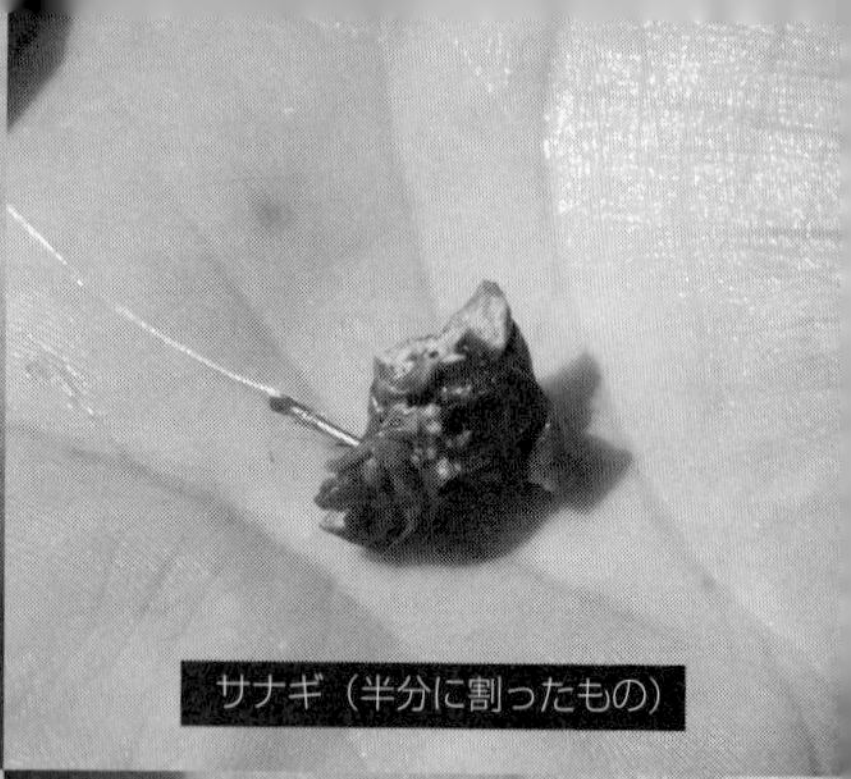

サナギ（半分に割ったもの）

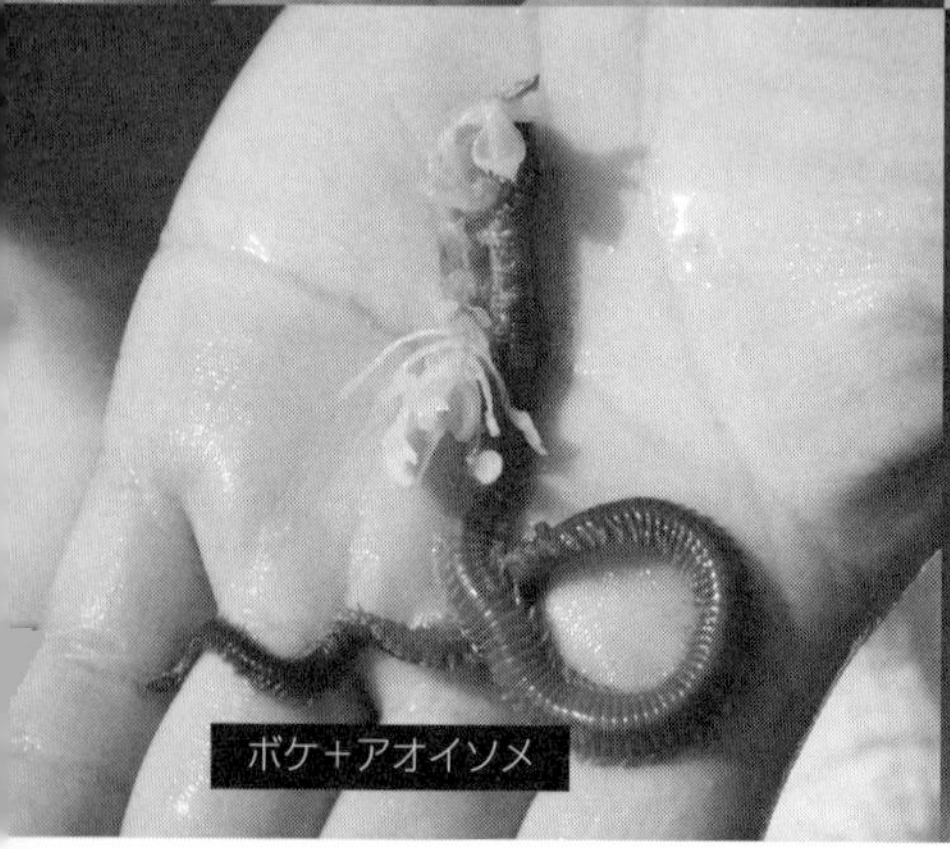

ボケ+アオイソメ

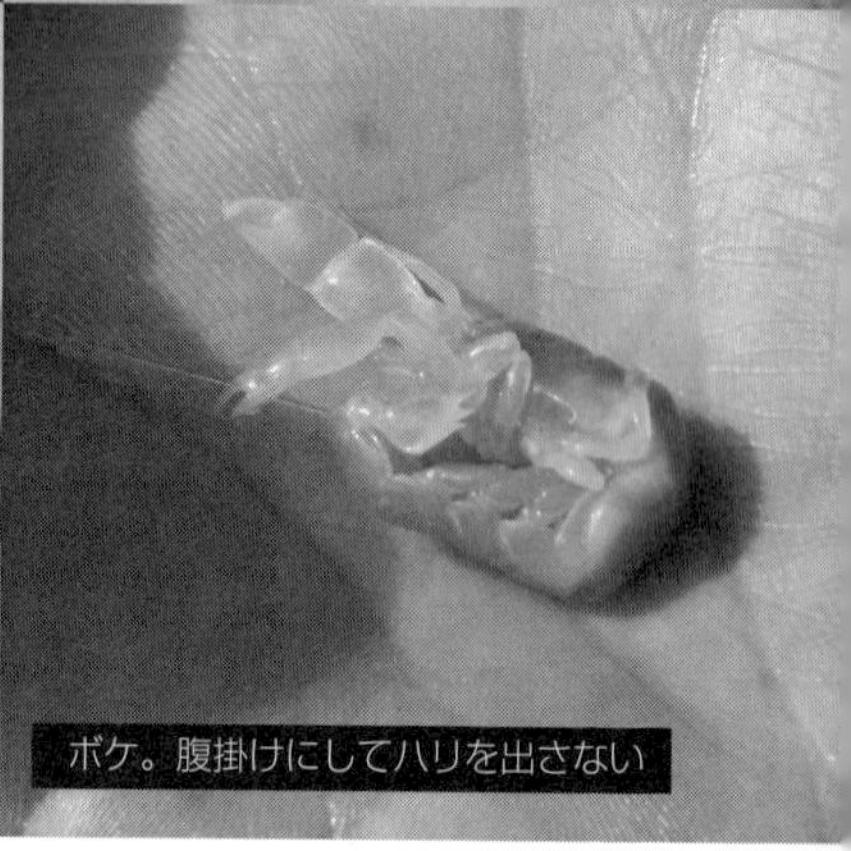

ボケ。腹掛けにしてハリを出さない

釣りやすくなるケースがよくあります。

オキアミとシラサエビの例を挙げましたが、同じことはそれ以外のエサでもいえます。ローテーションも重要ですが、エサの刺し方を工夫することも忘れてはなりません。

6つめの穴「同じ付けエサでも差が出るのはなぜ？　②釣り方を変える」

前項では、同じエサでも刺し方を変えることで釣果に差が出たりエサ取りからチヌに魚が変わることを理解していただけたと思います。

それでも刺し方の変更だけではどうにもならないときには、やはりローテーションが必要です。そこでチヌが反応するエサをいろいろと捜していきますが、それだけだと持参のエサにチヌが全く反応しなかった場合はお手上げとなってしまいます。

ここでよく陥ってしまうのが釣り方を変えていないことです。たとえばダンゴ釣りを中心に釣りをしていて、ダンゴ釣りではエサ取りの活性が高くて軟らかいエサでは釣りにならないが逆に硬いエサにすると何も反応しない……そんなとき、軟らかいエサを刺して落とし込みで周囲を探っていますか？　ダンゴにはエサ取りが反応しているが少しポイントをずらすとエサが残ってくるというような現象は意外によくあるし、もちろんチヌが釣れることもあります。

このようにダンゴ釣りから広角釣法へといった大きな釣り方の変化以外にも、ダンゴ釣り、広角釣法のそれぞれにおいて釣り方を変化させることは可能です。ダンゴ釣りであればダンゴからのエサ出しのタイミングを変化させたり、エサをハワセる場合はハワセ幅に変化を持たせられるし、アンコの種類などによっても魚の種類は変わってきます。

広角釣法ではねらうポイントの遠近はもちろん、オモリの大きさと打つ位置、エサの落とし方など変化させられる要素は多々あります。これらのすべてを限られた時間内で細かく対応していくのは難しいですが、状況を判断してその中から数点でも試してみることが重要です。

ダンゴ釣りで例を挙げると、ダンゴ着底後にエサを抜くとエサ取りにやられてしまうが、ダンゴを割らずにラインをハワセてじっと待つと時間は掛かるが確率よくチヌが釣れるといったようなことや、逆の場合もあります。これはダンゴを投入した直後はエサ取りがダンゴに群がり、ある程度落ち着くとエサ取りが上ずってあとからチヌがダンゴに反応するといった状況のときによく起こります。通常の釣りでもよくあるケースです。

また、広角釣法のときには潮の動きをしっかり読んで、ダンゴや上撒きしているエサがどのへんで落ち着いているかを予測してダイレクトにそのポイントへ付けエサを送り込んでやると簡単に釣れてしまう場合があります。

これ以外にも書ききれないほどに釣り方の変化は存在し、誘いの大きさや誘いの速さ等でも反応する魚が変わってくるものです。

恐らく誰でも最初はいろいろと試しながらその日のその時間にあったエサなり釣り方なりを捜して釣りをしていることでしょう。しかし時間の経過とともに集中力も低くなり始め、そうなると細かい変化を怠る傾向があります。

細かい釣り方の変化をさせることで、同じエサでも反応する魚を変えることができ、結果としてチヌに遭遇する確率を上げることができる。そのことをよく覚えておいてぜひ実践してみてください。

伍ノ扉

釣果UPに即効！・ヒント集

生オキアミと加工オキアミの違い

オキアミはチヌカカリ釣りだけではなく海釣り全般に広く使用されるエサです。釣具店やエサ屋さんに行くとさまざまな種類のオキアミが市販されています。それらは大きく分けると3種類になります。

生オキアミ（何も加工していないまま冷凍したもの）。

ボイルオキアミ（熱湯ボイルした後、冷凍したもの）。

加工オキアミ（生オキアミに各メーカーで加工したもの）。

この中で主にカカリ釣りで使用されるのは生オキアミと加工オキアミです。生オキアミは海で水揚げされた後にそのまま冷凍保存されたオキアミ、加工オキアミは各エサメーカーが独自の加工を施したオキアミになります。

加工オキアミの特徴はオキアミ自体に人工的に集魚材、アミノ酸等を染み込ませてあり、生オキアミと比較して身が硬くなっています。生オキアミと比較すると、染み込ませてある集魚材の効果でチヌに興味を持たせたり、身が硬めなのでエサ取りが多いときでもエサ持ちがよいなどの利点が挙げられます。

加工オキアミと生オキアミの大きな違いはまだあります。それは、同じ大きさのオキアミを同時に沈めたときには必ず加工オキアミのほうが早く沈んでいくということです。要するに加工オキアミのほうが比重が高いのです。比重が高いと何がメリットかといえば、潮が動いているときなどにオキアミを付けエサにして潮に乗せて流していくときは、比重のあるほうが潮乗りがよいという利点があります。さらに比重が高いほうがエサを潮に乗せて流し込んでいくときにも浮き上がりにくく、底をキープしやすい。

このような違いを考えれば同じオキアミでも全く違う種類のエサとして認識することができるわけです。具体的に「このような状態なら加工で……」という決まったパターンは特にありませんが、違いを把握したうえで状況に合わせて使い分けることが重要です。実際の釣りにおいても私は、理由は不明ですが「加工のオキアミならチヌが釣れるが生オキアミにすると何も当たらない」など、あるいはその逆の体験を何度もしています。

とにかく同じ「オキアミ」という名前が付いていても全く違う種類のエサという認識を持っていただきたいと思います。ちなみに生オキアミは頭を取って殻を剥き、剥き身として使用することがあります。食いが渋いときに効果があるので一度試してみてください。

シラサエビの頭飛ばし

シラサエビは一般的に尻尾からハリを刺してエビが真っ直ぐになるようにします。そうすると活きエビ本来のピンピンはねる動きが損なわれず、チヌへのアピールも抜群です。しかしときには次のようなケースもあります。

秋の高活性期はチヌの数が圧倒的に多く、エサ取りをものともせず貪欲にエサを捕食しに来ます。そのような状況下でシラサエビを使っていて、「アタリも明確でアワセも入れるんだけど、何度やっても魚は乗らずエビの頭だけが食べられて……」という経験をされたことはありませんか。

こんなとき、試してほしいのがシラサエビの刺し方を変えてみること。まずはオキアミを刺すように丸く刺してようすをみる。それでチヌが掛かり始めれば問題ないですが、まだハリ掛かりしにくいならシラサエビの頭を飛ばして尻尾の部分だけを刺してみると簡単に掛かり始めることがよくあります。

これはオキアミを付けエサにする場合でも同じことがいえます。

小粒の「丸貝」を使用する意味

チヌカカリ釣りにおいて、アケミ貝は撒きエサとしても付けエサとしても広く使用されています。アケミ貝を付けエサとして使用する場合、大きく4パターンあります。

殻を剥かずに貝殻の隙間からハリを刺して使用する「丸貝」。

買い剥きナイフ等を使用して貝殻を開き2枚とも貝殻を付けたまま中にある身にハリを刺す「両貝」。

同じく貝殻を開き、身の付いていない貝殻を取って1枚の貝殻の上にある身にハリを刺す「半貝」。

身だけにハリを刺す「ムキ身」。

それぞれに特徴があり状況に合わせて使用しますが、私の場合、中でも丸貝で使うことがよくあります。丸貝というと大型ねらいのイメージがあるかもしれませんが、私は丸貝で50㎝オーバーの年無しチヌはもちろんのこと、20㎝以下の小型もねらって掛けることがよくあります。貝の大きさや種類を選定することで小型をも丸貝で食わせることが可能になります。

また、アケミ貝は国産品と中国や韓国から輸入される海外品があります。それぞれの特徴として国産品は殻が分厚くて硬く、海外品は国産品と比較して殻が軟らかい傾向があります。大きさは1㎝程度の極小から5㎝以上の特大サイズまでさまざまです。

20㎝以下の小型チヌをねらう場合、殻が分厚い国産品の5㎝以上の特大サイズを付けエサにしてもさすがに食ってこないので、殻の軟らかい海外品の中から大きさ1㎝程度の貝を選びます。するとオキアミやシラサエビを刺しているような感覚でチヌが釣れることがあります。

普通、そのような小さな丸貝は撒きエサとして使用されることが多いのではないかと思いますが、あえてこのサイズの貝を刺すことで今までどうしようもなかった状況を簡単に打破できる可能性があります。もちろん小さいぶんフグやカワハギといったエサ取りにやられてしまうこともありますが、試してみる価値は充分あるはずです。

そして、小さな貝だから小型のチヌしか釣れないのかといえば実際はそうではなく、意外に型のよいチヌが釣れて来る場合も多くあるので一度試してみてもらいたいものです。

虫エサを使いこなす

虫エサといえば投げ釣りやブッコミ釣りで使用するものというイメージがありませんか。確かにそれは間違いではないですが、カカリ釣りで使うと意外にチヌが釣れます。釣り方はダンゴ釣り、広角釣法どちらでも大丈夫です。

今まで虫エサを使った経験のない方は「どんなときに使えばよいのか？」ということになりますが、答えは「どんな状況でも使用可能」です。ただしエサ取りの多い状態ではチヌも釣れるがエサ取りに先に食われる可能性が高いので、どちらかといえばエサ取りの少ない状況が望ましいです。釣りの最中、全く魚の反応がないときに虫エサを刺してやると意外と反応が出ることが多いのです。

では種類についてはどうでしょうか。これにもいろいろあって何を持参すればよいのか迷うところですが、地域性が少なく常に入手しやすいものとして本虫（マムシ）やアオイソメをメインに、他にストロー虫やイチヨセ（ミノムシ）、ユムシ等といったところです。特に最近では入手しにくくなったイチヨセは、それでしか釣れないときがあるくらい有効なエサです。

釣れるチヌのサイズは、虫エサを使用したから型が小さくなるということもありません。私は50㎝オーバーの年無しを虫エサで何度も仕留めていますし、15㎝前後の超小型チヌも釣っています。こういうデータから考えても釣行する際には最低1種類くらいは虫エサを持参したいものです。まだの方はこれを機会に一度持参してみて虫エサの効果を確認してみてください。

とはいえ、特に他のエサでもポツポツとチヌが釣れているときに虫エサを刺すと、アタリも早く簡単に釣れるからといってそのまま釣り続けないように注意です。経験上、虫エサばかりで釣っていると徐々に食いが悪くなり、最終的には今まで釣れていた他のエサでも釣れなくなってしまうことが多々あります。そういった状況の場合にはローテーションのひとつとして考えてください。

虫エサの刺し方ですが、短く切って縫い刺しにすることもあれば1匹まるごとハリにチョン掛けにすることもあるし、アオイソメの場合は数匹を房掛けにしたりもします。そのときに注意する点としては、短く切るぶんにはハサミでするほうがよいことが多いので、面倒でもその場合はハサミを使用することをお勧めします。

アタリについて

アタリについては一番皆さんが気になるところではないでしょうか。今、本書をお読み頂いている方の中にも、アタリについてさまざまな疑問をお持ちの方は多数おられることと思います。私もいろいろな方から「兼松さんはこのエサを使用しているときにはどんなアタリで合わせるんですか？」とか、「アワセどころが分からないので教えてください」といった質問をたくさん受けています。ということは、恐らく多くの方がアタリに対してどのタイミングで合わせればよいのか自信が持てていないのだろうと思います。

なぜそのようなことになるのでしょう。それはさまざまな情報ソースから得られる机上の知識等が邪魔をしていると私は思っています。

簡単な例を挙げると、シラサエビを使用した場合のアタリについて「エビをコン！と殺しに来るアタリが出た後に穂先がもたれてくるアタリを合わせると掛かります」という話を、釣り人なら一度は聞いたか文章で見たことがあるでしょう。

しかし、では「シラサエビを付けて釣りをしていて、そのような明確なアタリばかり毎回出るのか？」と問われれば、その答えは「毎回出ません、下手すればそんなアタリは何十匹も釣ったうちの1割もありません」ではないでしょうか。

これが現実です。

穂先をジビジビするアタリもあれば穂先をひったくっていくアタリもあるでしょう。要するに知識として持っている例に挙げたシラサエビのアタリは一例であり、すべてではない。そのように偏った知識だけに頼ると、極端にいえばそれ以外のアタリは合わせどころが分からないということになってしまうのです。

さらに考えてみてください。

「穂先をジビジビするアタリや穂先をひったくっていくアタリは、他のエサを刺したときには出ないのだろうか?」

答えは「いいえ出ます」ではないでしょうか。

たとえば「穂先をジビジビするアタリ」について考えてみると、「オキアミを刺していれば合わせるけど、ボケを刺していたら食い込むのを待って合わせません」といったことはないでしょうか。もちろんそれでよい場合もありますが、待っていたらシビジビしたアタリだけで穂先を押さえ込むこともなく、ボケを取られることがあります。この場合ボケに食ってきたチヌを掛けることはできないのかといえば、恐らくジビジビしたアタリを合わせればハリ掛かりさせることができます。これはジビジビしたアタリでもオキアミなら乗るが、ボケは食い込みがよいエサなのでしっかりしたアタリを合わせるというような釣り人側の認識がどこかにあるからです。

その反対に、ジビジビしたアタリをいくら合わせてもチヌが掛からないということもあります。

これらのことを併せて考えると、賢明な読者の方はすでにお分かりでしょうが、チヌがエサを捕食する場合にはオキアミだろうがボケだろうがシラサエビだろうがあまり関係ないということになります。

要するに、釣り方であるとかチヌの活性であるとかによって、どのようなアタリを合わせれば確率よくチヌが掛かるのかを捜していくのです。マニュアル的な「こういったエサならこういったアタリ」というものは存在しない。そう思って自分自身の経験を大事にしていき、「自分がこのタイミングで合わせて乗らない魚はチヌではない」というふうに考えることもよいのではないでしょうか。

釣り場のクセを知る

釣り場にはさまざまなクセが存在します。たとえば潮止まりのときにチヌの食いが上がるとか、雨が降ってから数日後に釣れることが多いとか、養殖場で釣る場合は養殖ペレットの機械が作動するタイミングで魚の活性が上がるといった状況的なクセがあります。

それ以外ではダンゴの配合に関しても地域性が存在します。

有名な所では、静岡県清水港では生オカラ、日本海方面では赤土、徳島県鳴門堂ノ浦では山土といった素材をダンゴの主材として使用するといった物質的な地域性があります。これもひとつのクセといっていいでしょう。

前者の状況的なクセはどんな釣り場でも多少存在し、それをいち早く察知することでチヌの釣果を上げることが可能です。知っていて損はありませんが、案外知らなくても何とかなる場合もあります。

しかし、後者の物質的なクセに関しては状況的なものとは違って知らないと釣果に結構な差が生じることがあります。なぜかといえば、ダンゴなどは常にカカリ釣りのお客さんが入るポイントでは毎日のようにその素材を使用したダンゴが投入されています。そのため湾に生息するチヌはそのダンゴの濁りや匂い、成分に慣れていて、他のダンゴが入ったときには違和感を感じてしまい食いに影響が出る可能性があります。

だからといって通常使用される市販やオリジナルのダンゴがだめというわけではなく、よいときもあります。結局どちらがよいかという判断の問題で、両方用意してあれば問題ないともいえますが、傾向としては地場で使用されるベース材を使用したダンゴのほうがよい場合が多く、地場の素材をベースに他の配合剤を混ぜるのがよいと思われます。

ダンゴは使い慣れたものを使用するのがベストであると別の項目で書きましたが、こういった特定の釣り場においては「郷に入っては郷に従え」の考えで、地場素材を使用した自分なりの配合を持っておくことも大切です。

釣るエリアを広げる

カカリ釣りは通常、朝に渡船して指定されたイカダやカセで1日サオをだし、与えられたポイントでしっかり魚を寄せてチヌを釣っていくのが基本となります。

ここで一番のポイントはダンゴを打って撒きエサが溜まるサオ下が中心となるわけですが、食いが渋かったりしてチヌがいつもコンスタントに釣れるわけではありません。ダンゴ釣りで釣れなければ広角釣法に、広角釣法で釣れなければダンゴ釣りに切り替えながら釣っていく。それでもなかなか釣れない場合のひとつの方法に遠投があります。

一般的な広角釣法というと、せいぜい自分のいるエリアから10ｍくらいまでの範囲を探る場合が多いのではないでしょうか。それ以上になると、投入することはできても何の撒きエサも利いていないポイントなので「チヌなんか釣れないのでは？」と思ってしまいがちです。しかし普段釣り人が探り切れていないエリアにチヌがいる場合もあります。

私の場合、風などにもよりますが20ｍ以上先にエサを投入することもあり、実際にそのエリアで何尾もチヌを釣っています。これは確かに撒きエサで寄せたのではなく、その場にいたチヌを釣ったということになるのでしょうが、厳しい状況の中では1尾の釣果が出るのと出ないのとでは大違いです。いろいろな考えがあるかもしれませんが、釣果を優先するのであれば厳しい状況の中では特に一度試してみていただきたいと思います。

遠投のほかには意外な盲点として、イカダ際をねらってみたり、ダンゴの投入する場所を1m移動させるだけで魚の活性に変化が出る場合があります。「たった1mで？」と思われるかもしれませんが、海底の状況はイカダやカセの上からは視認できません。1mほどの場所の違いで魚の居心地が変わることはあります。

特にイカダの場合、海上に浮いていることから海底には明るい部分と暗い影になっている部分が存在しています。最初のほうでも述べたようにチヌは「明よりも暗を好む魚」です。通常は暗い所にひっそりと隠れていて、何らかの状況変化により活性が上がったときにはエサを捕食し始めますが、活性が低い状況であれば暗い場所から出てまでエサを捕食しようとは思わずじっとしています。しかし、その暗い場所にダイレクトにエサやダンゴが落ちて来ると反射的に反応したり、それがきっかけで捕食のスイッチが入りチヌが釣れる場合があります。

釣れているときは問題ないですが、釣れないときには単調な釣りを続けず、チヌのいそうなポイントをいろいろと探ってみる。釣れない時間でもチヌを掛けたり、人より1尾でも多く釣果を上げるにはこうしたことも大切な要素です。

著者プロフィール

兼松伸行（かねまつ・のぶゆき）

1965年5月26日生まれ。大阪府大東市在住。
全日本釣り技術振興評議会（JFT）の全日本チヌ釣り王座決定戦、全日本チヌトーナメントで優勝することを最大の目標に、年間50cm以上（年無し）30尾以上、総尾数1500尾以上を目標に課している。全日本チヌ釣り王座決定戦＝平成8、10、11、14、15、16、18年優勝、2位2回、3位2回。全日本チヌトーナメント＝平成14、18、21、23年優勝、3位3回。えさきちゼウスカップ2008優勝。
京阪チヌ釣り研究会会長、K−ZERO会長、特定非営利活動法人全日本釣り技術振興評議会関西支部長。

チヌカカリ釣《つ》りがある日《ひ》突然《とつぜん》上手《うま》くなる

2012年5月1日発行

著　者　兼松伸行
発行者　鈴木康友
発行所　株式会社つり人社

〒101−8408　東京都千代田区神田神保町1−30−13
TEL 03−3294−0781（営業部）
TEL 03−3294−0766（編集部）
振替 00110−7−70582
印刷・製本　三松堂印刷株式会社

乱丁、落丁などありましたらお取り替えいたします。
©Nobuyuki Kanematsu 2012.Printed in Japan
ISBN978-4-86447-018-6 C2075
つり人社ホームページ　http://www.tsuribito.co.jp
いいつり人ドットジェーピー　http://e-tsuribito.jp/

本書の内容の一部、あるいは全部を無断で複写、複製（コピー・スキャン）することは、法律で認められた場合を除き、著作者（編者）および出版者の権利の侵害になりますので、必要の場合は、あらかじめ小社あて許諾を求めてください。